本书由
中央高校建设世界一流大学（学科）
和特色发展引导专项资金
资助

中南财经政法大学"双一流"建设文库

生|态|文|明|系|列

中国经济增长与能源消费关系理论及实证

杨超 著

中国财经出版传媒集团
经济科学出版社
Economic Science Press

图书在版编目（CIP）数据

中国经济增长与能源消费关系理论及实证/杨超著.—北京：经济科学出版社，2019.12

（中南财经政法大学"双一流"建设文库）

ISBN 978-7-5218-1107-0

Ⅰ.①中… Ⅱ.①杨… Ⅲ.①经济增长－关系－能源消费－研究－中国 Ⅳ.①F124.1②F426.2

中国版本图书馆 CIP 数据核字（2019）第 286969 号

责任编辑：孙丽丽　胡蔚婷
责任校对：杨　海
版式设计：陈宇琰
责任印制：李　鹏　范　艳

中国经济增长与能源消费关系理论及实证

杨　超　著

经济科学出版社出版、发行　新华书店经销
社址：北京市海淀区阜成路甲 28 号　邮编：100142
总编部电话：010-88191217　发行部电话：010-88191522

网址：www.esp.com.cn

电子邮件：esp@esp.com.cn

天猫网店：经济科学出版社旗舰店

网址：http://jjkxcbs.tmall.com

北京季蜂印刷有限公司印装

787×1092　16 开　10 印张　160000 字

2019 年 12 月第 1 版　2019 年 12 月第 1 次印刷

ISBN 978-7-5218-1107-0　定价：40.00 元

（图书出现印装问题，本社负责调换。电话：010-88191510）

（版权所有　侵权必究　打击盗版　举报热线：010-88191661

QQ：2242791300　营销中心电话：010-88191537

电子邮箱：dbts@esp.com.cn）

总 序

"中南财经政法大学'双一流'建设文库"是中南财经政法大学组织出版的系列学术丛书,是学校"双一流"建设的特色项目和重要学术成果的展现。

中南财经政法大学源起于1948年以邓小平为第一书记的中共中央中原局在挺进中原、解放全中国的革命烽烟中创建的中原大学。1953年,以中原大学财经学院、政法学院为基础,荟萃中南地区多所高等院校的财经、政法系科与学术精英,成立中南财经学院和中南政法学院。之后学校历经湖北大学、湖北财经专科学校、湖北财经学院、复建中南政法学院、中南财经大学的发展时期。2000年5月26日,同根同源的中南财经大学与中南政法学院合并组建"中南财经政法大学",成为一所财经、政法"强强联合"的人文社科类高校。2005年,学校入选国家"211工程"重点建设高校;2011年,学校入选国家"985工程优势学科创新平台"项目重点建设高校;2017年,学校入选世界一流大学和一流学科(简称"双一流")建设高校。70年来,中南财经政法大学与新中国同呼吸、共命运,奋勇投身于中华民族从自强独立走向民主富强的复兴征程,参与缔造了新中国高等财经、政法教育从创立到繁荣的学科历史。

"板凳要坐十年冷,文章不写一句空",作为一所传承红色基因的人文社科大学,中南财经政法大学将范文澜和潘梓年等前贤们坚守的马克思主义革命学风和严谨务实的学术品格内化为学术文化基因。学校继承优良学术传统,深入推进师德师风建设,改革完善人才引育机制,营造风清气正的学术氛围,为人才辈出提供良好的学术环境。入选"双一流"建设高校,是党和国家对学校70年办学历史、办学成就和办学特色的充分认可。"中南大"人不忘初心,牢记使命,以立德树人为根本,以"中国特色、世界一流"为核心,坚持内涵发展,"双一流"建设取得显著进步:学科体系不断健全,人才体系初步成型,师资队伍不断壮大,研究水平和创新能力不断提高,现代大学治理体系不断完善,国际交流合作优化升级，综合实力和核心竞争力显著提升，为在2048年建校百年时，实现主干学科跻身世界一流学科行列的发展愿景打下了坚实根基。

"当代中国正经历着我国历史上最为广泛而深刻的社会变革，也正在进行着人类历史上最为宏大而独特的实践创新"，"这是一个需要理论而且一定能够产生理论的时代，这是一个需要思想而且一定能够产生思想的时代"①。坚持和发展中国特色社会主义，统筹推进"五位一体"总体布局和协调推进"四个全面"战略布局，实现"两个一百年"奋斗目标、实现中华民族伟大复兴的中国梦，需要构建中国特色哲学社会科学体系。市场经济就是法治经济，法学和经济学是哲学社会科学的重要支撑学科，是新时代构建中国特色哲学社会科学体系的着力点、着重点。法学与经济学交叉融合成为哲学社会科学创新发展的重要动力，也为塑造中国学术自主性提供了重大机遇。学校坚持财经政法融通的办学定位和学科学术发展战略，"双一流"建设以来，以"法与经济学科群"为引领，以构建中国特色法学和经济学学科、学术、话语体系为己任，立足新时代中国特色社会主义伟大实践，发掘中国传统经济思想、法律文化智慧，提炼中国经济发展与法治实践经验，推动马克思主义法学和经济学中国化、现代化、国际化，产出了一批高质量的研究成果，"中南财经政法大学'双一流'建设文库"即为其中部分学术成果的展现。

文库首批遴选、出版二百余册专著，以区域发展、长江经济带、"一带一路"、创新治理、中国经济发展、贸易冲突、全球治理、数字经济、文化传承、生态文明等十个主题系列呈现，通过问题导向、概念共享，探寻中华文明生生不息的内在复杂性与合理性，阐释新时代中国经济、法治成就与自信，展望人类命运共同体构建过程中所呈现的新生态体系，为解决全球经济、法治问题提供创新性思路和方案，进一步促进财经政法融合发展、范式更新。本文库的著者有德高望重的学科开拓者、奠基人，有风华正茂的学术带头人和领军人物，亦有崭露头角的青年一代，老中青学者秉持家国情怀，述学立论、建言献策，彰显"中南大"经世济民的学术底蕴和薪火相传的人才体系。放眼未来、走向世界，我们以习近平新时代中国特色社会主义思想为指导，砥砺前行，凝心聚

---

① 习近平：《在哲学社会科学工作座谈会上的讲话》，2016年5月17日。

力推进"双一流"加快建设、特色建设、高质量建设,开创"中南学派",以中国理论、中国实践引领法学和经济学研究的国际前沿,为世界经济发展、法治建设做出卓越贡献。为此,我们将积极回应社会发展出现的新问题、新趋势,不断推出新的主题系列,以增强文库的开放性和丰富性。

"中南财经政法大学'双一流'建设文库"的出版工作是一个系统工程,它的推进得到相关学院和出版单位的鼎力支持,学者们精益求精、数易其稿,付出极大辛劳。在此,我们向所有作者以及参与编纂工作的同志们致以诚挚的谢意!

因时间所囿,不妥之处还恳请广大读者和同行包涵、指正!

中南财经政法大学校长

前 言

人类社会的进步依靠经济的增长，而经济的增长又必须依赖能源作支撑和保障。从定性角度分析，能源作为经济活动的重要投入要素之一，经济增长会拉动能源消费，能源消费与经济增长之间存在紧密联系。随着世界各国经济的发展，一方面对能源的需求越来越大，另一方面煤炭、石油等主要能源的储量越来越少，因此，能源供给总量不足已经成为制约各国经济持续增长的瓶颈。而我国随着经济的持续增长，能源的供需矛盾也越来越突出，同时，化石类能源的消耗对环境污染越来越大，生态环境方面面临的压力也越来越大。早在2009年哥本哈根世界气候大会上，我国政府就作出了"2020年单位GDP碳排放量比2005年下降40%~45%"的承诺；在2015年的巴黎协定上，我国政府又承诺"2030年碳排放总量达峰并尽早达峰"。这充分体现了我国作为一个负责任大国的道义和历史担当。

本书基于能源经济学及经济增长相关理论，以中国实际的统计数据，运用统计及经济计量方法，通过建立经济计量模型对经济增长与能源消费关系进行实证分析。针对能源消费和经济增长时间序列变量的非平稳性，利用协整、格兰杰（Granger）因果检验方法及Panel Data、ECM、VAR等经济计量模型对中国的能源消费和经济增长进行定性和定量分析，为我国能源与经济政策的制定提供实证研究基础和科学依据，并且对未来经济、能源和环境之间的协调发展提出对策和建议。

本书内容共分六章，各章主要内容概述如下。

第一章绪论，简要介绍选题的背景、目的和意义，综述国内外研究现状，并指出本书的主要研究内容。

第二章中国经济增长态势分析，主要分析中国经济总量及增长速度、中国经济增长质量，并对中国经济增长趋势进行分析和预测。

第三章中国能源消费现状分析，主要分析了我国能源消费总量、结构及变化趋势、能源消费强度及能源消费弹性系数，并采用面板数据模型分行业对我国能源消费特点及使用效率进行相关统计分析。

第四章中国经济增长与能源消费关系的分析，主要研究能源消费与经济增长关系，首先从理论上阐述经济增长与能源消费之间的关系，然后运用协整理论及误差修正模型对经济增长与能源消费的关系进行实证分析。

第五章经济增长、能源消费与碳排放的关系，本章以产生环境问题的一个重要方面即二氧化碳的排放为例，通过建立 VAR 模型来分析和预测能源消费、经济增长与环境问题三者之间的动态演变规律，以此对它们之间的关系进行较为深入的研究。

第六章研究结论与建议，主要总结上述研究所得出的一些结论，并根据本章的分析结论，对如何才能促进经济、能源与环境协调持续发展进行分析和探讨，提出相关对策及建议，从而为相关部门制定相应的经济、环境与能源政策提供更为科学的参考依据。

由于经济增长与能源消费之间关系的实证研究涉及范围较广，本书仅从我国经济总量及能源消费总量的角度展开实证分析，对省市级及各区域情况缺乏深入分析，有待今后进一步完善。在写作本书的过程中，得到了许多同仁朋友的支持和帮助，在此表示感谢。当然，由于作者水平所限，书中难免存在缺点和错误，竭诚欢迎同行专家予以批评指正。

杨 超
2019 年 7 月

目　录

第一章　绪论
　　第一节　研究背景及意义　　2
　　第二节　相关理论及方法综述　　4
　　第三节　研究思路及主要内容　　15

第二章　中国经济增长态势分析
　　第一节　中国经济总量及增长速度分析　　20
　　第二节　中国经济增长质量分析　　34
　　第三节　中国经济增长趋势分析　　46

第三章　中国能源消费现状分析
　　第一节　能源的概念及特性　　62
　　第二节　我国能源消费结构及变化趋势　　65
　　第三节　能源消费行业特征的统计分析　　75

第四章　经济增长与能源消费关系的分析
　　第一节　能源与经济的关系　　86
　　第二节　能源消费强度与能源消费弹性系数波动分析　　89
　　第三节　经济增长与能源消费关系的协整分析模型　　99
　　第四节　实证分析　　109

第五章　经济增长、能源消费与碳排放的关系
　　第一节　能源消费与大气污染的现状分析　　116

第二节　经济增长、能源消费与碳排放的关系　　　　　　120
　　第三节　经济增长—能源消费—碳排放分析模型　　　　　121

第六章　研究结论与建议
　　第一节　主要结论　　　　　　　　　　　　　　　　　132
　　第二节　对策与建议　　　　　　　　　　　　　　　　134

参考文献　　　　　　　　　　　　　　　　　　　　　　　140

第一章
绪 论

第一节 研究背景及意义

一、研究背景

经济增长与能源息息相关，能源是经济增长的重要物质基础。一方面，随着社会经济的快速发展，对能源的需求也越来越大，另一方面，煤炭、石油等主要能源的储量越来越少，有限的能源资源与巨大的能源需求之间存在非常尖锐的矛盾。如果能源供需失衡，世界各国经济的持续增长将会受到影响，因此，能源消费和经济增长之间必须保持协调发展。能源消费和经济增长之间的关系必将成为世界各国制定社会经济发展战略的重要依据之一。

经济增长势必带动能源消费的增长，但以化石能源为主的能源消费结构也造成了严重的环境污染问题。近几年，社会对生态环境质量的关注度持续提高，绿色低碳循环发展、绿水青山就是金山银山的理念已深入人心，要打赢蓝天保卫战，就要求我们持续实施大气污染防治行动，坚定不移地贯彻新发展理念，促进经济高质量发展。

我国积极参与全球环境治理，随着经济的快速发展，能源消费也带来了严重的碳减排压力。早在2009年哥本哈根世界气候大会上，我国政府就作出了"2020年单位GDP碳排放量比2005年下降40%~45%"的承诺；在2015年的巴黎协定上，我国政府又承诺"2030年碳排放总量达峰并尽早达峰"。碳减排承诺由相对量减排到绝对量减排的转变，反映出我国落实碳减排承诺的决心。

随着世界各国对能源与环境问题的重视程度不断提高，发达国家纷纷提出了能源转型的目标和计划。提高能源效率进行节能减排、发展可再生清洁能源、发展新能源汽车代替燃油汽车是国际能源转型的趋势和特征。

习近平总书记在党的十九大报告中指出，发展是解决我国一切问题的基础和关键,发展必须是科学发展,必须坚定不移贯彻创新、协调、绿色、开放、共享的发展理念。推进绿色发展,建立健全绿色低碳循环发展的经济体系。壮大节能环保产业、清洁生产产业、清洁能源产业。推进能源生产和消费革命,构建清洁低碳、安全高效的能源体系。在此背景下,我们十分有必要系统梳理改革开放以来经济增长与能源消费的关系,贯彻新发展理念,力争在降低能源消耗的情况下,实现新时代中国经济的高质量增长。

二、研究意义

(一)理论意义

从理论上看,关于能源和经济增长的关系问题,学术界有两种观点:一种观点认为经济增长与能源供应有着固定的比例关系;另一种观点则认为可通过采用节能技术和调整经济结构等手段控制对能源的需求,经济增长不一定需要能源供给的同步增长,因此能源供给和经济增长不一定存在线性相关性。我国作为发展中国家,经济建设是一个渐进过程,改革开放初期,经济增长方式粗放,这种工业化初期的粗放型增长方式,不断增加对资源环境的压力,难以长期坚持。这就要求转变经济增长方式,由粗放型向集约型增长方式转变,要由资源消耗型向资源节约型、环境友好型转变。转变增长方式的一个重要目标,是减少经济发展对资源的依赖和对环境的破坏。这种情况下,经济增长与能源消费的增长不一定保持同步增长。从理论上正确认识能源消费与经济增长的关系,对于我国的可持续发展非常重要。

(二)现实意义

根据我国"十三五"规划纲要,2020年我国要实现单位国内生产总值(GDP)能耗比2015年降低15%,单位国内生产总值二氧化碳排放比2015年下降18%的目标。在经济增速趋缓、结构转型升级加快等因素共同作用下,能源消费增速预计将从"十五"以来的年均9%下降到2.5%左右。在这样的背景下,要实现这一目标,必须以能源消费和经济增长协调发展为基本前提,本书研究能源消费同经济增长之间的关系更具现实意义。目的在于通过对我国能源消费同经济增长之间的关系进行实证研究，定量分析我国现阶段能源消费同经济增长之间的数量关系，为协调能源消费、生态环境和经济增长之间的关系，制定社会经济可持续发展战略提供参考。

第二节　相关理论及方法综述

一、相关理论综述

（一）能源经济学理论

能源是人类社会赖以生存和发展的重要物质基础。能源在其开发利用过程中，存在着诸如市场、价格、供求关系等各种各样的经济现象，它与人们的日常生活及社会的经济发展息息相关。能源经济学正是在这种背景下发展起来的一门科学。

能源经济学起源于1865年英国经济学家威廉·杰文斯所著《煤的问题》一书。该书将能源问题纳入了经济学的研究范围，推动了能源经济理论的发展。与此同时，工业经济的迅速发展使得能源的开发和利用规模不断扩大，能源的消费模式、能源利用的效率和效益问题开始引起人们的关注，经济发展与能源利用的协调问题成为重要的研究话题。

我国能源经济学研究起步较晚，归纳起来，能源经济学至少包括以下7个方面的内容。

1. 能源和经济增长关系

国际上存在着两种不同的意见，一种意见认为经济增长与能源供应有着固定的联系，另一种意见则相反，认为经济增长与能源消费不存在固定的比例关系。一般地说，对发展中国家来说，能源供应和经济增长是正相关的。较发达的国家可以通过技术进步，调整经济结构等方法来减少对能源的需求。中国经济高速增长，能源和经济增长的关系对于预测能源需求非常重要。

2. 能源与环境污染的关系

能源利用与环境污染和生态恶化有直接的关系。化石能源开发利用是中国环境的第一污染源。它涉及环境问题的所有领域，包括大气污染、水污染、固体废弃物和生态环境破坏等。能源经济学应当研究能源利用与环境污染的关系，量化能源利用的环境影响，进而研究在利用能源的情况下如何对环境造成污染，以及在避免环境受到污染的前提下如何利用能源。

3. 能源资源的优化配置

能源作为重要的资源，必须研究如何使它的消费代价最小，或单位收效最大。资源的开发和利用本身不是目的，而是提高国民收入和人民生活水平的手段。因此，应该注意使资源开发速度和国民收入增长速度相适应，做到能源的供求平衡。能源的供求平衡不光是指国内能源平衡，还包括能源的进出口达到平衡。能源的供应量和需求量都是价格的函数，价格是调整供求达到平衡的有效手段。能源资源的优化配置还包括能源投资和筹资。能源投资体制、筹资渠道都应为能源经济学的研究所重视。

4. 能源价格和税收

能源价格应该成为最有活力的能源经济杠杆，而税收则是一种行政性的调节手段，两者是有区别的，不可相互替代，但可以相互补充。除了使价格、税收起到价值尺度的作用之外，还应起到提高效率、引导投资、信息载体、分配手段和调节能力的功能。

5. 节能与循环经济

能源资源不同于其他自然资源。首先是对其需要的普遍性，几乎所有的生产和服务都需要能源。其次是难以替代，除了在不同种类的能源之间实行替代，难以在能源物质与非能源物质之间进行替代。最后是不可重复使用和不可再生性的特点。这三个特点都加剧了节能的重要性。从经济学角度看节能，能源价格的合理化是节能和推进循环经济的首要条件和动力。我国节能潜力很大，能源经济研究应为政府降低单位产值能耗的努力提供理论和实践的建议，从而制定合理可行的节能目标。

6. 能源的内部替代和外部替代

商品能源的最优内部结构、非商品能源的合理比重、电能与一次能源的合理比例、新能源与可再生能源的地位和发展前景等等都属于能源的内部替代问题。传统能源包括石油、天然气、煤炭、电能，新兴能源包括核能、太阳能、生物质能等。能源与资金、能源与劳动力之间属于外部替代性关系。需要研究这种替代的客观规律和在什么范围、什么程度上是合理的。

7. 能源的国际贸易和石油作为金融产品的对外贸易一般应遵守比较优势原则，即出口具有比较优势的物品

这和国内产业结构的调整、农业劳动力向工业和服务行业转移有着密切的联系。能源经济研究应根据能源和经济增长的关系，能源的供需和价格等来确定合理的产业结构和外贸，以及石油战略储备。

（二）经济增长理论

一般在宏观经济学中，经济增长被定义为产量的增加，这里产量既可以表示为经济的总产量（GDP 总量），也可以表示为人均产量（人均 GDP）。经济增长的程度可以用增长率来描述。与经济增长既有联系，又有区别的一个概念是经济发展。如果说经济增长是一个"量"的概念，那么经济发展就是一个比较复杂的"质"的概念。从更广泛的意义上说，经济发展不仅包括经济增长，而且包括国民的生活质量以及整个社会各个不同方面的总体进步。总之，经济发展是反映一个经济总体发展水平的综合性概念。一般主流宏观经济学都把经济增长作为其重要内容，而对经济发展论述不多，本书遵循这种观点，重点论述经济增长与能源消费的关系问题。

从 17 世纪开始，经济增长问题就已受到人们的重视，并逐步得到较为系统的论述。几乎所有的经济增长理论都尝试回答以下三个基本问题：

第一，什么是经济增长的源泉？

第二，为什么世界各国经济增长的差异会如此之大？

第三，怎样理解一些国家和地区的经济增长奇迹？

下面介绍几种主要的经济增长理论。

1. 古典经济增长理论

随着资本主义的产生和发展，西方经济学家越来越重视如何提高生产力水

平，如何增加社会财富，如何改善国民经济等问题，这些问题的实质就是生产日益社会化中的经济发展问题，古典经济增长理论强调物质资本（资本积累）的作用，其代表人物有亚当·斯密、大卫·李嘉图等。

亚当·斯密（Adam Smith, 1723~1790）于1776年出版的著作《国民财富的性质和原因的研究》（*An Inquiry into the Nature and Causes of the Wealth of Nations*），简称《国富论》，被后世的经济学家认定是"古典经济学"的开端，并以此确立了"经济学之父"的声誉，他在该书中对经济增长问题作了较为全面系统的论述。关于国民财富的性质，斯密进行了全面的研究，提出了不同于重商主义把货币看成财富的唯一形态的观点，认为国民财富即一国全部劳动生产的一切商品。关于财富的本源，他批判了重商主义将对外贸易看成财富源泉的观点，同时抛弃了重农学派的只有农业才能创造财富的偏见，强调一切生产物质产品的劳动都是财富的源泉。

关于国民财富增长的原因，他认为国民财富的增长要符合两个条件：一个是提高劳动生产率，另一个是增加劳动者人数。劳动生产率的提高主要取决于分工，他在著作中写道："劳动生产力最大的增进，以及运用劳动时所表现的更大的熟练、技巧和判断力，似乎都是分工的结果①。"劳动者人数的增加既与人口的增加有关，也与资本积累有关。他在论述人口对经济增长的影响时，强调了人口数量和人口质量对国民财富增长的作用，而且他特别重视教育对提高人口质量的作用，人民所受教育越多，就越有礼节越守秩序，越有利于国泰民安，为经济增长提供良好的环境。他对资本积累和对促进经济增长的作用作了深刻论述，他认为增加一国土地和年产物的价值有两个方法，一是增加生产性劳动者的数目，一是增进受雇劳动者的生产力。要增加受雇劳动者的数目，必须增加资本，增加维持生产性劳动者的基金；要增加受雇劳动者的生产力，唯有增加便利于劳动的机械和工具，或者把它们改良，或使工作分配更为适当，不管怎样，都要增加资本。此外，他还论述了经济政策、国际贸易与经济增长的关系，他认为要增加一个国家的财富，最好的经济政策就是给人们的经济活动以完全、充分的自由。每一个人在从事经济活动时，虽然所追求的只是个人自身利益的最大化，但在一只"看不见的手"的指引下，结果却能增加整个社会的

---

① 亚当·斯密：《国民财富的性质和原因的研究》，商务印书馆1992年版，第5页。

财富。在一个封闭的社会里，财富的增加受到本国经济资源和技术条件的限制，而通过对外贸易可以利用外部条件突破这种限制，有利于促进经济增长。

大卫·李嘉图（David Ricardo，1772～1823）继承了斯密的经济思想，他的经济增长观点与斯密基本一致。李嘉图认为国民财富是一国所生产的商品生产物总量，但他认为财富与价值具有不同特性。财富取决于商品数量，而价值取决于生产商品所耗费的劳动量。增加财富的途径有两种，一种是增加劳动者人数，一种是提高劳动生产效率。增加劳动者人数，不但能增加商品数量，而且能增加商品价值；提高劳动生产率，在劳动者人数不变的情况下，只能增加商品数量，不能增加商品价值。李嘉图认为地租实际上是一种超额利润，可以被归为资本利润中，这使得他在研究经济增长的问题时，将农业和土地放在了非常重要的位置。他认为经济增长与生产增长具有一致性，经济剩余的多少即为资本利润的多少，资本利润多，用到再生产的资源就会变多，经济将得到增长。一旦资本利润减少，资本家积累资本的意愿就会降低，经济将停滞不前。当一个国家增加资本和增加劳动力受到限制时，借助于对外贸易，可以使国家继续保持经济增长。李嘉图的经济增长观点与斯密不同之处在于，他把研究的重点从生产领域转向了分配领域。李嘉图认为经济增长过程是一个利益变动转移过程，经济增长问题必然与分配问题相联系。由于经济发展到一定阶段必然引起需求结构、产业结构的变化和重新组织，各种要素价格也将随之发生变化，这就必然导致社会各利益集团之间原有利益格局发生变动和转移。他主张通过改变市场结构和规模，以此来调节各方利益，从而促进经济增长。

2. 新古典经济增长理论

古典经济学家所强调的经济运行具有自发性这一观点直到20世纪30年代全球经济危机的出现，才受到经济学家的质疑。以凯恩斯（Keynes）为首的经济学家，将增长的研究视角从长期转移到短期，认为古典经济学理论从长期来看有其正确性，但由于经济运行在短期内会受到各种因素的冲击，和谐运行在短期并非常态。凯恩斯认为充分就业仅仅偶尔发生，经济危机和普遍失业在经济世界中反而经常出现。英国经济学家哈罗德（Roy F. Harrod）和美国经济学家多马（Evsey D. Domar）都注意到凯恩斯理论的严重缺陷——忽视了动态经济关系，并致力于凯恩斯理论的长期化、动态化，于20世纪40年代提出了一个大致相同的增长模型，一般称为哈罗德—多马模型。该模型的提出引起了人们对长期经济增长问题的广泛关注和浓厚兴趣,使这一领域的研究重新恢复了生机和活力。

由于哈罗德—多马模型存在均衡增长路径狭窄和不稳定性问题,受到经济学家的质疑。为解决哈罗德—多马模型的不稳定性问题,在索洛(Solow,1956)和斯旺(Swan,1957)几乎同时发表的开创性论文中,用新古典生产函数代替了哈罗德—多马模型的刚性生产函数,构建了带有外化储蓄率的新古典增长模型,模型分析结果表明储蓄率的提高会提升稳态时的人均资本和人均收入水平,却无法影响稳态时的人均产出的增长率。因此,一个国家经济长期增长的源泉是技术进步的速度,新古典理论假定技术进步率外生,独立于经济系统之外。

新古典经济学派在经济增长领域所做的开创性研究,推进了经济增长理论的成熟与发展。索洛(1957)创立了经济增长核算方程,用以估算经济增长源泉的贡献,分析的结果表明劳动和资本对经济增长的贡献通过其产出弹性测算出来,而技术进步所带来的经济增长即为索洛残差。随后,美国经济学家丹尼森(1962)把资本和劳动的质量变化考虑进来,对此方法进行了拓展,试图用更为精确的方法度量经济增长各源泉的贡献。他将决定经济增长的因素归结为劳动、资本、土地的要素投入量和全员要素生产率(Total Factor Productivity,TFP),其中TFP取决于资源配置状况、规模经济、技术进步以及其他影响单位投入产出的因素,并进一步指出技术进步是资本主义国家经济增长的重要源泉,而且加深了对技术进步构成要素的了解——技术进步的作用主要来源于知识的进步。在现代经济增长中,知识进步的作用将越来越大,越来越明显,因此,要促进经济高速增长,就必须大力发展教育,开发新技术,提高管理水平,促进知识进步。如塞朝斯基(1967)在索洛分析框架的基础上引入货币和通货膨胀因素,探求货币和价格因素对经济增长的冲击;布罗克和米尔曼(1972)将不确定性纳入新古典分析框架;布兰查德(1985)将有限期界纳入到新古典模型分析框架,刻画了政府开支、赤字及债务对经济增长的影响。

3. 内生经济增长理论

新古典经济增长理论说明了经济长期增长来源于技术进步,但技术进步又来自哪里呢?在新古典增长模型中,技术进步只是一个外生变量,就像"天上掉下的馅饼",这是该理论的一个重要缺陷。此外,在解释国家间收入差异的原因时,该模型也是不完善的。因为它假设产生国家间人均收入差异的唯一原因是它们的人均资本量有差异，这忽略了其他生产要素的差异，也忽略了把生产要素结合起来的生产函数的差异。而且，即使该模型将注意力集中在国家间的资本差异上，强调投资率差异的重要性，但并未对投资率差异的原因做出任何解释。

针对新古典经济增长理论的上述缺陷，从20世纪80年代中期开始，经济学家对增长理论进行了深刻的反思，相继发表了一系列论文，形成了目前流行于西方的内生经济增长理论，又称为新经济增长理论，其中杰出的代表人物是斯坦福大学教授保罗·罗默（Paul Romer）和芝加哥大学教授罗伯特·卢卡斯（Robert E. Lucas, Jr.）。内生经济增长理论强调指出，经济增长不是由外部力量推动的，而是经济系统内部力量作用的产物。技术进步不是"天上掉下的馅饼"，而是人力资本投资、研究开发、知识外溢、劳动分工及专业化、边干边学和合理的制度激励推动的结果。该增长理论最重要的特征是试图使增长率内生化，借助于内生的知识积累模型、人力资本模型和内生制度理论，成功地解释了各国经济增长率和人均收入的巨大差异。

当然，内生经济增长理论也有自己的内在缺陷，正如马丁·魏茨曼（M. Weitzman）在"杂交的增长理论"一文中指出，内生经济增长理论打开了"余值"这个黑箱，然而在打开的这个黑箱中又包含了另一个黑箱，即新思想的生产函数——新思想被简单地看作是外生"研究努力"的结果。但是，不管怎么说，内生经济增长理论使我们对经济增长的认识又向前迈进了一大步。

（三）3E系统理论

3E系统是指能源（Energy）、经济（Economy）、环境（Environment）系统，3E系统理论是研究能源、经济与环境之间的影响机理、作用关系以及协调发展，并提供理论模型和分析方法的系统性理论。能源与经济之间关系的研究起源较早，环境污染问题的日益严峻使得人们提高了对环境问题的重视程度，能源、经济与环境三者之间的协调发展问题逐步得到了重视和深入研究，3E系统的形成与发展得到推动，能源供需问题分析的科学性与全面性不断得到提高。

国外早在20世纪80年代已经开始对3E系统进行研究，并形成了一些具有代表性的成果，如欧盟能源研究机构提出的一般均衡模型（CGE模型）。在我国，3E系统理论也得到了深入发展，大量的投入产出分析方法被广泛应用，经济—资源—环境的绿色经济核算体系和基于我国国情的人口—经济—资源—环境分析框架得以相继构建,这些均对推动我国 3E 系统理论的发展提供了借鉴。随着能源经济理论、生态经济理论体系的逐步发展,能源、经济、环境的协调发展分析逐步向多学科交叉融合的趋势演变,各子系统之间的发展特点和变化规律逐渐成为研究重点。

二、经济与能源关系主要研究方法综述

(一) 国外主要研究方法综述

目前,国外文献中关于经济增长与能源消费关系的研究方法大致分为以下三种:

(1) 采用 VAR 方法 (Sims, 1972) 和格兰杰检验。

J. 卡夫和 A. 卡夫 (1978)[1] 利用美国 1947～1974 年的能源消费和 GNP 数据进行分析,首次得出了美国 GNP 对能源消费存在单向因果关系的结论。于和崔 (1985)[2]对美国、英国、波兰、韩国、菲律宾五个国家的能源消费和 GNP 进行因果检验,发现对于美国、英国、波兰,二者之间存在双向因果关系,韩国的 GNP 对能源消费存在单向因果关系,而菲律宾的能源消费对 GNP 则存在着单向因果关系。厄洛尔和于 (1987)[3] 对于日本、意大利、联邦德国、加拿大、法国和英国这六个工业国的数据做了格兰杰检验,发现对于加拿大、法国、英国,能源消费是中性的,联邦德国的能源消费则对真实收入存在单向因果关系,而对于日本和意大利,则存在反向的因果关系。

(2) 变量两两之间做协整以及格兰杰检验方法,或 Hsiao 改进的格兰杰检验方法 (Hsiao, 1981)。

---

[1] Kraft J, Kraft A. Relationship between Energy and GNP [J]. *Journal of Energy Finance & Development*, 1978, 3: 2 (2): 401-403.
[2] Yu, Choi. The Causal Relationship between Energy and GNP: an International Comparison [J]. *Journal of Energy and Development*, No. 10, 1985: 249-272.
[3] Erol, Yu. On the Relationship between Energy and Income for Industrialized Counties [J]. *Journal of Energy and Employment*, No. 13, 1987: 113-122.

D. M. 纳坎，R. M. 纳德卡米和 A. V. 卡米克（1988）① 应用协整分析对 11 个发展中国家和 5 个发达国家的数据进行因果检验，得到了这 16 个国家的能源消费和 GDP 存在着长期均衡关系。杨浩彦（2000）② 得出中国台湾地区 GDP 与能源消费总量有双向因果关系。另外，用 Hsiao 改进版格兰杰检验法研究的有：黄等人（1991）③ 得出中国台湾地区 GDP 与能源消费有双向的格兰杰因果关系；而程、S. 本杰明和 T. W. 赖（1997）④ 则发现中国台湾地区的经济增长对能源消费有因果关系，能源消费对就业率没有因果关系。A. 阿基尔与 M. S. 巴特（2001）⑤ 研究得出了巴基斯坦能源消费总量、石油、天然气、电力消费量和经济增长（GDP）及其就业率之间的关系为：一方面，经济增长导致了能源消费总量及石油消费的增加；另一方面，经济增长与天然气消费之间并无因果关系影响。最终的政策建议为：更有效地利用石油以及用天然气来替代石油会成为一个上佳的政策手段，并且，石油保护政策对巴基斯坦的经济增长不会产生任何负作用，反而会加速经济增长，进一步扩大国内就业机会。

（3）多变量协整检验方法（约翰森，1991）。

阿布尔·M. M. 马西赫和 R. 马西赫（1997）⑥ 使用多变量的协整分析和向量误差修正模型，对韩国和中国台湾的能源消费、真实收入和价格水平数据进行分析，得到结论，三者之间存在着协整关系，并且能源消费和真实收入之间存在着双向的因果关系，并利用方差分解表明：价格的冲击对能源消费和真实收入的影响，中国台湾要大于韩国，而韩国的能源消费对真实收入的解释力要

---

① Nachane, D. M., R. M. Nadkami and A. V. Kamik. Cointegration and Causality Testing of the Energy – GDP Relationship: a cross-country Study [J]. *Applied Economics*, No. 20, 1988: 1511 – 1531.
② Yang, H. Y. A Note on the Causal Relationship between Energy and GDP in Taiwan [J]. *Energy Economics*, Vol. 22, No. 3, 2000: 309 – 317.
③ Hwang, Dennis, Gun – Burel. The Causal Relationship between Energy and GNP: The Case of Taiwan Province of China [J]. *Journal of Energy and Development*, No. 16, 1991: 219 – 226.
④ Cheng, S. Benjamin, Tin Wei Lai. An Investigation of Co-integration and Causality between Energy Consumption and Economic Activity in Taiwan Province of China [J]. *Energy Economics*, Vol. 19, 1997: 435 – 444.
⑤ Anjum Aqeel, Mohammad Sabihuddin Butt. The Relationship Between Energy Consumption and Economic Growth in Pakistan [J]. *Asia – Pacific Development Journal*, Vol. 8, No. 2, 2001: 101 – 110.
⑥ Masih, A. M. M. and R. Masih. On the Temporal Causal Relationship between Energy Consumption, Real Income and Prices: Some New Evidence from Asian-energy Dependent NICs based on a Multivariate Cointegration Vector Error-correction Approach [J]. *Policy Modeling*, Vol. 19, 1997: 417 – 440.

大于中国台湾。张仓耀等人（2001）①用基于向量误差修正模型（VECM）的格兰杰检验，考察了中国台湾能源消费、就业和产出之间的因果关系，发现就业与产出，就业与能源消费之间均有双向的格兰杰因果关系，但能源消费对产出并无直接的因果关系，得出能源的保护政策将抑制台湾产出增长的结论。

还有一些文献，从纯理论角度来论述经济增长与能源消费之间的关系。如：拉莫斯·马丁耶斯等人（2003）②首先从生态学和经济学角度论证了经济增长与能源消费之间存在一定的关系，然后根据复杂系统理论给出各种解释，并由主要发达国家与发展中国家经济增长与能源发展现状，得出一些关于能源消费与经济增长之间存在相互关系的结论。

（二）国内主要研究方法综述

国内研究的文献，有直接对经济与能源消费数据进行定性比较分析的。如陈书通、耿志成、董路影（1996）③研究了两者相互关系及产生原因。马舒曼、吕永波、韩晓雪（2004）④根据我国历年能源消费的供需比、消费结构等数据以及与其他国家相关数据的比较，归纳出我国能源消费存在利用率低、消费结构不合理、供需矛盾加剧等问题；通过分析经济发展状况及其与能源消费的关系，指出了我国应该走可持续发展的新型工业化道路，并提出相应的政策建议。

国内研究也有用弹性系数法分析的。如陈榕（1998）⑤通过对福建经济增长速度与同期能源消费增长速度的比较，得出20世纪90年代以来福建经济增长对能源消费的依赖程度明显低于80年代，经济的快速增长是由相对较低的能源消费支持的，能源消费增长对经济增长率的贡献有逐步减弱的趋势。白慧仁（2004）⑥通过对山西省电力消费弹性系数变动规律的实证考察，得出了电力消费与GDP具有相关性，并对影响经济增长与电力消费关系的主要因素进行了分析。

---

① Tsangyao Chang, Wenshwo Fang, Li-Fang Wen. Energy Consumption, Employment, Output, and Temporal Causality: Evidence from Taiwan Based on Co-integration and Error-correction Modeling Techniques [J]. *Applied Economics*, Vol. 33, No. 8, 2001: 1045–1056.
② Jesús Ramos-Martín, Miquel Ortega-Cerdà. Non-Linear Relationship Between Energy Intensity And Economic Growth [J]. *ESEE Conference Frontiers* 2, Tenerife, Spain, 2003: 12–15.
③ 陈书通、耿志成、董路影：《九十年代以来我国能源与经济增长关系分析》，载于《中国能源》1996年第12期。
④ 马舒曼、吕永波、韩晓雪：《我国能源消费与经济发展》，载于《能源研究与信息》2004年第1期。
⑤ 陈榕：《福建能源消费增长与经济增长关系分析》，载于《发展研究》1998年第8期。
⑥ 白慧仁：《山西电力消费与经济增长关系探析》，载于《山西能源与节能》2004年第2期。

国内研究还有用生产函数模型分析的。如林伯强（2003）[①] 在三要素的生产函数框架下，实证研究了中国经济增长与电力消费之间的关系，结果表明 GDP、资本、人力资本以及电力消费之间存在着长期均衡关系。黄敏、赫英（2006）[②] 采用三因素 CES 生产函数建立了中国能源消费与经济增长之间关系的分析模型，探讨能源消费对 GDP 的影响，根据模型分析了能源、资本和劳动力的产出弹性的变化规律，并得出：能源消费增加在一定程度上能引起 GDP 增长，但对经济增长影响最大的是劳动力水平的提高。

近些年来，国内学者也逐渐开始采用协整和误差修正模型进行实证研究。如马超群、储慧斌（2004）[③] 采用协整和误差修正模型对中国 1954～2003 年的 GDP、能源消费以及能源消费结构进行分析，表明 GDP 和能源消费以及煤炭消费之间存在协整关系，而 GDP 与石油、天然气和水电之间不存在协整关系。吴巧生（2005）[④] 将美国和中国能源消费和经济增长的协整关系进行了对比，并进一步得出了中国工业化水平与能源强度存在协整关系，揭示了中国工业化进程中的能源消费变动特征。

三、简要评述

基于上述研究结果，能源消费与经济增长的关系，对不同国家不同时期来说存在着很大差异，甚至对同一国家同一时期，采用不同的计量方法，结果也不尽相同，因此并不能得到一个一般性的结论。要研究中国能源消费与经济增长的相互影响，就必须考虑中国国情及经济发展的实际情况，根据中国相关经济数据的统计特征选择相应的统计分析方法。

综观该领域研究，其中仍存在许多值得深入研究和探讨的问题。首先，以往研究经济增长对能源消费的影响主要集中在欧美等发达国家，重点研究的是能源消费与经济增长的因果关系，对单位 GDP 能耗的探讨局限于指标数值计算

[①] 林伯强：《电力消费与中国经济增长：基于生产函数的研究》，载于《管理世界》2003 年第 11 期。
[②] 黄敏、赫英：《中国能源消费与经济增长关系的模型与实证》，载于《统计与决策》2006 年第 8 期。
[③] 马超群、储慧斌：《中国能源消费与经济增长的协整与误差校正模型研究》，载于《系统工程》2004 年第 10 期。
[④] 吴巧生：《中国工业化进程中的能源消费变动——基于计量模型的实证分析》，载于《中国工业经济》2005 年第 4 期。

及定性说明，运用协整等计量方法探讨经济增长与能源消费之间是否存在一个相互依存的比例关系的论著比较欠缺，对发展中国家特别是转型过程中的中国能源消费与经济增长之间关系的研究不多；其次，该领域的研究多为从某一方面进行研究，较少从总体上，多角度进行比较分析；再次，在研究方法上，以定性和传统建模方法进行分析的较多，利用面板数据对我国各行业的能源消费特征进行统计分析的文献还不多见；最后，以前的研究偏重理论分析的比较多，实证研究的比较少，在研究内容上，分析能源消费与经济增长关系时，很少将环境因素纳入计量模型。这些正是本书所要研究和探讨的问题。

第三节 研究思路及主要内容

一、研究思路与方法

（一）研究思路

随着我国经济的高速发展，能源作为现代社会生产的重要物质基础和动力来源，对经济增长的促进作用越来越大。20世纪70年代爆发的"石油危机"，促使各国经济学者对能源消费需求和经济增长之间的关系问题进行广泛研究，提出了许多关于能源消费与需求问题的分析方法，如部门分析法、时间序列趋势外推法、弹性系数法等。但是，随着经济的发展，各国的经济变量表现出了非平稳性，使目前的能源需求建模方法受到了严峻的挑战。

基于能源消费和经济增长等时间序列变量的非平稳性，本书将利用协整理论、格兰杰因果关系检验、误差修正模型、Panel Data 模型等对中国的能源消费需求和经济增长关系进行分析和讨论，并建立相应的经济计量模型进行实证研究，为我国制定经济与能源发展政策提供科学依据，并且对能源、经济与环境的和谐持续健康发展提出对策和建议。

(二) 研究方法

1. 文献分析法

通过查阅文献来获得与本课题研究相关的资料，全面掌握研究课题的现状及最新进展，综合分析、评价前人的研究理论基础及研究成果，总结研究的不足之处，为本书的研究打下坚实的基础，在此基础上，明确本书的研究方向和研究重点。

2. 定性与定量相结合的研究方法

定性分析主要运用能源经济学中能源与经济之间关系的相关理论，对能源与经济之间的关系进行理论分析。在理论分析基础上，结合中国经济的实际情况，通过收集统计数据，进行定量分析，探寻经济变量之间可能存在的数量关系，提示变量之间的数量规律。

3. 统计与经济计量分析方法

统计是认识世界的有力武器。许多经济活动很难像物理、化学等自然学科那样，在给定的条件下，通过控制研究对象，重复进行实验，以获取所需数据。一般情况下，我们可以通过调查和观测研究对象，来获取所需经济数据。现实中，大多数情况下我们是通过获取统计数据来对经济问题进行分析和研究。从这个意义上说，经济规律在本质上是一种统计规律。在本书研究中，大量用到描述统计中的图表整理和展示方法，推断统计中的参数估计和假设检验方法。

现代经济学研究的另一个显著特点是大量用到经济计量中的模型分析方法。正因为大多数经济活动难以通过实验方法来探究变量之间的关系，经济学家通过建立模型对经济现象进行模拟，把经济计量模型看作是一个虚拟仿真实验室，通过对模型中参数的估计和检验，达到认识变量之间数量关系，或是对目标变量进行预测，或是对政策变量进行评价之目的。本书主要选取改革开放以来我国 GDP 及能源消耗量数据，运用经济计量中协整检验、格兰杰因果关系检验等方法，通过建立面板数据模型、ECM 模型、VAR 模型等对我国经济增长与能源消费关系进行实证分析。

二、主要内容

本书分六章,各章的主要内容如下。

第一章绪论,主要阐述本书研究主题、研究的意义、相关研究的文献综述等内容,为下文的论述奠定基础。

第二章中国经济增长态势分析,主要分析中国经济总量及增长速度、中国经济增长质量,并对中国经济增长趋势进行分析和预测。

第三章中国能源消费现状分析,主要分析了我国能源消费总量、结构及变化趋势,能源消费强度及能源消费弹性系数,并采用面板数据模型分行业对我国能源消费特点及使用效率进行相关统计分析。

第四章中国经济增长与能源消费关系的分析,主要研究能源消费与经济增长关系,首先从理论上阐述经济增长与能源消费之间的关系,然后运用协整理论及误差修正模型对经济增长与能源消费的关系进行实证分析。

第五章经济增长、能源消费与碳排放的关系,本章以产生环境问题的一个重要方面即二氧化碳的排放为例,通过建立 VAR 模型来分析和预测能源消费、经济增长与环境问题三者之间的动态演变规律,以此对它们之间的关系进行较为深入的研究。

第六章研究结论与建议,主要总结上述研究所得出的一些结论,并根据本书的分析结论,对如何才能促进经济、能源与环境协调持续发展进行分析和探讨,提出相关对策及建议,从而为相关部门制定相应的经济、环境与能源政策提供更为科学的参考依据。

第二章
中国经济增长态势分析

第一节 中国经济总量及增长速度分析

一、中国经济总量分析

(一) 经济总量的测度指标

如前所述，本书将经济增长定义为经济总产量（GDP 总量）或人均产量（人均 GDP）的增加。作为 20 世纪伟大发明之一的 GDP（Gross Domestic Product，即国内生产总值），它是一个国家或地区经济规模的衡量标准。GDP 是指一定时期内在一个国家或地区境内生产的所有最终产品与服务的市场价值总和。

首先，GDP 是一个市场价值概念。为了解决现实经济中不同种类产品和服务的实物量不能加总的问题，人们转而考虑这些产品和服务的货币价值。一种产品的货币价值可以用该物品的单位价格乘以该物品的数量来表示。其次，GDP 衡量的是最终产品和服务的价值，中间产品和服务价值不计入 GDP。最终产品和服务是指直接出售给最终消费者的那些产品和服务，而中间产品和服务是指由一家企业生产出来被另一家企业当作投入品的那些产品和服务。把 GDP 核算的产品限定为最终产品可以避免价值核算中的重复计算问题，从而使 GDP 指标能真实地反映经济的成果。再次，GDP 核算的是一国或地区内生产的最终产品和服务的市场价值，就是只有那些在指定的国家或地区内生产出来的产品和服务才能计算到该国或该地区的 GDP 中，这就是所谓的国土原则。最后，GDP 衡量的是一定时期内的最终产品和服务的价值。这里的一定时期或者是一个季度，或者是一年（我国目前还没有按月度核算的 GDP）。这意味着 GDP 属于流量，而不是存量。

与 GDP 相类似的一个概念是 GNI（Gross National Income，国民总收入），即原来的所谓 GNP（Gross National Product，国民生产总值），它是反映常住单位全部收入（国内与国外）的指标，是一定时期内本国的生产要素所有者所占有的最终产品和服务的总价值。凡是本国国民所创造的收入，不管是否在国内，都计入国民总收入，这就是所谓的国民原则。从计算上来说，国民总收入等于国内生产总值加上从非常住单位得到的原始收入，再减去支付给非常住单位的原始收入，即国民总收入等于国内生产总值加上来自国外的净要素收入。

国内生产总值（GDP）与国民总收入（国民生产总值），哪一个指标更重要呢？在20世纪90年代，国际上基本达成共识，明确了国内生产总值（GDP）在国民经济统计中的核心地位。国内生产总值居于核心地位的主要原因在于：国外净要素收入比较难以获取，导致国民生产总值难以准确计算，而国内生产总值较易衡量，而且世界上大多数国家在统计时选择了国内生产总值指标，采用国内生产总值便于国际比较。中国国民经济统计在1993年以前采用物质产品平衡体系（MPS），国民经济核算是以国民生产总值为核心指标的，统计年鉴上的数据以国民生产总值数据为主。到了1993年，国民经济统计采用国民经济核算体系（SNA），国内生产总值才正式取代了国民生产总值，国内生产总值成为统计年鉴中国民经济核算部分的首要指标。本书对国民经济增长分析也以 GDP 指标为主。

（二）中国经济总量及其增长曲线

新中国成立以来，中国经济建设取得了举世瞩目的成就，国家综合实力明显增强，国际地位显著提高。中国经济总量在2010年超越日本，成为世界上仅次于美国的第二大经济体。1952~2018年中国 GDP 数据见表2-1。

表2-1　　　　　　1952~2018年中国 GDP 及指数（上年=100）

年份	现价 GDP（亿元）	GDP 指数（上年=100）	1952年价 GDP（亿元）	年份	现价 GDP（亿元）	GDP 指数（上年=100）	1952年价 GDP（亿元）
1952	679.1	—	679.1	1954	859.8	104.3	818.8
1953	824.4	115.6	785.0	1955	911.6	106.9	875.3

续表

年份	现价 GDP（亿元）	GDP 指数（上年=100）	1952 年价 GDP（亿元）	年份	现价 GDP（亿元）	GDP 指数（上年=100）	1952 年价 GDP（亿元）
1956	1 030.7	115.0	1 006.6	1988	15 180.4	111.2	8 382.7
1957	1 071.4	105.1	1 057.9	1989	17 179.7	104.2	8 734.7
1958	1 312.3	121.3	1 283.3	1990	18 872.9	103.9	9 075.4
1959	1 447.5	109.0	1 398.8	1991	22 005.6	109.3	9 919.4
1960	1 470.1	100.0	1 398.8	1992	27 194.5	114.2	11 328.0
1961	1 232.3	72.7	1 016.9	1993	35 673.2	113.9	12 902.5
1962	1 162.2	94.4	959.9	1994	48 637.5	113.0	14 579.9
1963	1 248.3	110.3	1 058.8	1995	61 339.9	111.0	16 183.7
1964	1 469.9	118.2	1 251.5	1996	71 813.6	109.9	17 785.8
1965	1 734.0	117.0	1 464.3	1997	79 715.0	109.2	19 422.1
1966	1 888.7	110.7	1 621.0	1998	85 195.5	107.8	20 937.1
1967	1 794.4	94.3	1 528.6	1999	90 564.4	107.7	22 549.2
1968	1 744.1	95.9	1 465.9	2000	100 280.1	108.5	24 465.9
1969	1 962.2	116.9	1 713.6	2001	110 863.1	108.3	26 496.6
1970	2 279.7	119.3	2 044.4	2002	121 717.4	109.1	28 907.8
1971	2 456.9	107.1	2 189.5	2003	137 422.0	110.0	31 798.6
1972	2 552.4	103.8	2 272.7	2004	161 840.2	110.1	35 010.2
1973	2 756.2	107.8	2 450.0	2005	187 318.9	111.4	39 001.4
1974	2 827.7	102.3	2 506.3	2006	219 438.5	112.7	43 954.5
1975	3 039.5	108.7	2 724.4	2007	270 092.3	114.2	50 196.1
1976	2 988.6	98.4	2 680.8	2008	319 244.6	109.7	55 065.1
1977	3 250.0	107.6	2 884.5	2009	348 517.7	109.4	60 241.2
1978	3 678.7	111.7	3 222.0	2010	412 119.3	110.6	66 626.8
1979	4 100.5	107.6	3 466.9	2011	487 940.2	109.6	73 023.0
1980	4 587.6	107.8	3 737.3	2012	538 580.0	107.9	78 791.8
1981	4 935.8	105.1	3 927.9	2013	592 963.2	107.8	84 937.5
1982	5 373.4	109.0	4 281.5	2014	641 280.6	107.3	91 138.0
1983	6 020.9	110.8	4 743.8	2015	685 992.9	106.9	97 426.5
1984	7 278.5	115.2	5 464.9	2016	740 060.8	106.7	103 954.1
1985	9 098.9	113.4	6 197.2	2017	820 754.3	106.8	111 023.0
1986	10 376.2	108.9	6 748.8	2018	900 309.5	106.6	118 350.5
1987	12 174.6	111.7	7 538.4				

注：2016 年，国家统计局改革研发支出的核算方法，将能够为所有者带来经济利益的研发支出不再作为中间消耗，而是作为固定资本形成处理。根据新的核算方法，国家统计局修订了 1952～2015 年国内生产总值历史数据。本书中的 GDP 数据是修订后的数据。

资料来源：国家统计局，http：//data. stats. gov. cn/easyquery. htm？cn = C01。

由表 2-1 可知，1952 年我国 GDP 为 679.1 亿元，按 1952 年价格计算，1978 年 GDP 为 3 222 亿元，是 1952 年 GDP 的 4.7 倍，2018 年 GDP 为 118 350.5 亿元，是 1978 年 GDP 的 36.7 倍，是 1952 年 GDP 的 174 倍。自 1978 年改革开放以来，中国经济高速增长，经济建设取得巨大成就。根据表 2-1 绘制的时序图见图 2-1。由图 2-1 可见，1952 年以来，中国经济总量近似以指数曲线增长。

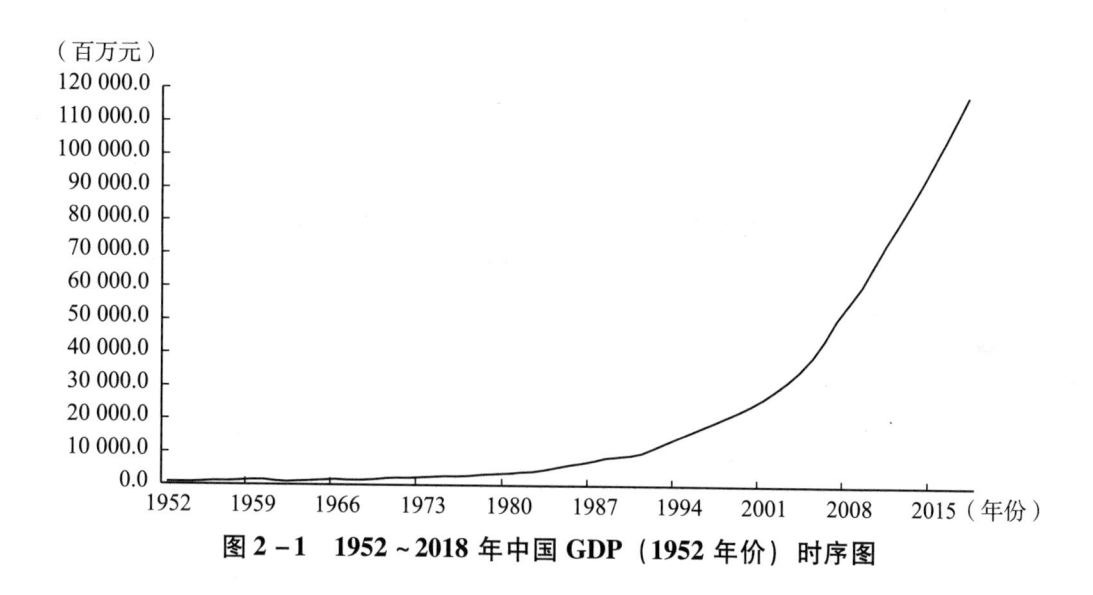

图 2-1　1952~2018 年中国 GDP（1952 年价）时序图

根据表 2-1 数据，拟合指数曲线，考虑到模型的自相关问题，采用可行广义最小二乘法（FGLS），结果见式（2.1）。

$$\ln(\widehat{GDP}) = 6.1989 + 0.0801t$$
$$Se = (0.1502)(0.0073)$$
$$t = (41.27)(10.97)$$
$$P = (0.0000)(0.0000)$$
$$R^2 = 0.9985 \quad DW = 1.7454 \tag{2.1}$$

从拟合方程（2.1）来看，回归系数在 1% 下显著，判定系数为 0.9985，模型整体拟合效果很好。由式（2.1）变形，即可得到指数增长曲线，见式（2.2）。

$$\widehat{GDP} = 492.2245 e^{0.0801t} \tag{2.2}$$

式（2.2）中 e 为自然对数的底（e≈2.71828），t 为时间标号（1952 年取

1，1953 年取 2，依此类推）。

（三）中国经济总量与世界主要国家的对比分析

中国经济的高速发展，使中国经济与主要发达国家的差距不断缩小，经济地位不断上升。2010 年中国经济总量超越日本，成为世界上经济总量仅次于美国的第二大经济体。2010 年按汇率法计算的 GDP 排名前十位的国家见表 2-2，前十位国家的 GDP 占世界 GDP 的比重为 65.8%。2010 年按汇率法计算中国 GDP 已达 58 782.6 亿美元，约为美国 GDP 的 40%，约占世界 GDP 的 9.3%。

表 2-2　　　　　2010 年前十位国家按汇率法计算的 GDP 及占比

位次	国家	GDP（亿美元）	占世界 GDP 的比重（%）
1	美国	146 578.0	23.3
2	中国	58 782.6	9.3
3	日本	54 588.7	8.7
4	德国	33 156.4	5.3
5	法国	25 825.3	4.1
6	英国	22 474.6	3.6
7	巴西	20 903.1	3.3
8	意大利	20 551.1	3.3
9	加拿大	15 740.5	2.5
10	印度	15 379.7	2.4

资料来源：国家统计局，http://www.stats.gov.cn/tjsj/ndsj/2011/indexch.htm。

根据 2017 年统计数据，按汇率法计算，2017 年中国 GDP 为 122 377 亿元，约为美国 GDP 的 63%，约占世界 GDP 的 15.2%，经济总量上与超级大国美国的差距逐渐缩小，占世界经济的比重越来越大，国际地位越来越高。2017 年按汇率法计算的 GDP 排名前十位的国家见表 2-3，前十位国家 GDP 占世界 GDP 的比重为 66.5%。

表 2-3　　　　　2017 年前十位国家按汇率法计算的 GDP 及占比

位次	国家	GDP（亿美元）	占世界 GDP 的比重（%）
1	美国	193 906	24.0
2	中国	122 377	15.2
3	日本	48 721	6.0
4	德国	36 774	4.6
5	英国	26 224	3.3
6	印度	25 975	3.2
7	法国	25 825	3.2
8	巴西	20 555	2.5
9	意大利	19 348	2.4
10	加拿大	16 530	2.0

资料来源：国家统计局，http://www.stats.gov.cn/tjsj/ndsj/2017/indexch.htm。

比较表 2-2 和表 2-3，可以看出，按经济总量排位，2017 年榜单前十位次的国家与 2010 年比没有变化，前四名国家的位次也没有变化，依次为美国、中国、日本、德国，但后六名国家排序有较大变化，特别是印度由 2010 年的第 10 名，上升到第 6 名，跃升了 4 位。中国目前仍然稳居第二的位置，2017 年 GDP 比排名第三的日本多出 73 656 亿美元，比排名第三至第五的日本、德国、英国三国 GDP 之和还多 10 658 亿美元，与美国相比，2010 年比美国少 87 795 亿美元，2017 年比美国少 71 529 亿美元，在经济总量上，与美国的差距进一步缩小。

二、中国人均 GDP 分析

虽然中国目前 GDP 总量已居全球第二位，但由于我国人口基数庞大，有 13 多亿人口，人均 GDP 与发达国家相比还有较大差距。世界银行每年根据上一年的经济数据，把全世界经济体划分为四个收入组别，即高收入、中等偏上收入、中等偏下收入以及低收入组别。中等偏下收入国家和中等偏上收入国家合称为中等收入国家。按世界银行公布的数据，2018 年的划分标准为，人均 GDP 低于 995 美元为低收入国家，在 996~3 895 美元之间为中等偏下收入国家，在 3 896~

12 055 美元之间为中等偏上收入国家，高于 12 055 美元为高收入国家。但以上标准不是固定不变的，而是随着经济的发展不断进行调整。2018 年世界银行所统计的 218 个经济体中，高收入经济体有 81 个，中等偏上收入经济体有 56 个，中等偏下经济体收入有 47 个，低收入经济体有 34 个。我国 2018 年人均收入达 9 732 美元，属于中等偏上收入国家。1952~2018 年中国人均 GDP 见表 2-4。

表 2-4　　1952~2018 年中国人均 GDP 及指数（上年 =100）

年份	现价人均 GDP（元）	人均 GDP 指数（上年 =100）	1952 年价人均 GDP（元）	年份	现价人均 GDP（元）	人均 GDP 指数（上年 =100）	1952 年价人均 GDP（元）
1952	119	—	119.0	1975	332	106.8	296.7
1953	142	113.1	134.6	1976	321	96.9	287.5
1954	144	101.8	137.0	1977	344	106.1	305.0
1955	150	104.6	143.3	1978	385	110.2	336.2
1956	166	112.7	161.5	1979	423	106.2	357.0
1957	168	102.4	165.4	1980	468	106.5	380.2
1958	201	118.4	195.8	1981	497	103.8	394.6
1959	217	106.9	209.3	1982	533	107.4	423.9
1960	220	99.8	208.9	1983	588	109.2	462.8
1961	187	73.5	153.6	1984	702	113.7	526.3
1962	175	93.7	143.9	1985	866	111.9	588.9
1963	183	107.6	154.8	1986	973	107.3	631.9
1964	210	115.5	178.8	1987	1 123	109.9	694.4
1965	242	114.2	204.2	1988	1 378	109.4	759.7
1966	257	107.6	219.7	1989	1 536	102.6	779.5
1967	238	91.9	201.9	1990	1 663	102.4	798.2
1968	225	93.5	188.8	1991	1 912	107.8	860.4
1969	247	113.8	214.9	1992	2 334	112.8	970.6
1970	279	116.1	249.4	1993	3 027	112.6	1 092.8
1971	292	104.2	259.9	1994	4 081	111.8	1 221.8
1972	296	101.3	263.3	1995	5 091	109.8	1 341.5
1973	313	105.2	277.3	1996	5 898	108.8	1 459.6
1974	314	100.2	277.8	1997	6 481	108.1	1 577.8

续表

年份	现价人均GDP（元）	人均GDP指数（上年=100）	1952年价人均GDP（元）	年份	现价人均GDP（元）	人均GDP指数（上年=100）	1952年价人均GDP（元）
1998	6 860	106.8	1 685.1	2009	26 180	108.9	4 527.5
1999	7 229	106.7	1 798.0	2010	30 808	110.1	4 984.8
2000	7 942	107.6	1 934.7	2011	36 302	109.0	5 433.4
2001	8 717	107.6	2 081.7	2012	39 874	107.3	5 830.1
2002	9 506	108.4	2 256.5	2013	43 684	107.2	6 249.8
2003	10 666	109.4	2 468.7	2014	47 005	106.8	6 674.8
2004	12 487	109.5	2 703.2	2015	50 028	106.4	7 102.0
2005	14 368	110.7	2 992.4	2016	53 680	106.2	7 542.3
2006	16 738	112.1	3 354.5	2017	59 201	106.2	8 010.0
2007	20 494	113.6	3 810.7	2018	64 644	106.1	8 498.6
2008	24 100	109.1	4 157.5				

资料来源：国家统计局，http：//data.stats.gov.cn/easyquery.htm?cn=C01。

由表2-4可以清晰看出，按1952年价格计算，1952年我国人均GDP为119元，1978年人均GDP为336.2元，是1952年人均GDP的2.8倍，2018年人均GDP为8 498.6元，是1952年人均GDP的71.4倍，是1978年人均GDP的25.3倍。由表2-4可以看出，我国1987年人均实际收入为694.4元，只用了9年时间，就实现了人均实际收入增加一倍，创造了人类发展史上的奇迹。英国《经济学家》周刊指出：使人均实际收入增加一倍，英国用了58年、美国用了47年、日本用了34年，而中国仅用10年就实现了。与GDP总量比较，由于我国人口基数较大，在相同时间内，人均GDP的增加速度要慢于GDP的增加速度。

根据表2-4中1952~2018年人均GDP（1952年价）数据，绘制时序图，见图2-2。比较图2-1与图2-2，1952~2018年我国人均GDP与GDP总量变化趋势曲线形状基本相同，均呈指数增长。从图2-2中可以看出，改革开放前（1952~1978年）人均收入曲线走势较平缓，改革开放后（1979年至今）人均收入曲线走势变得陡峭，这说明改革开放后的人均收入增长速度要高于改革开放前的人均收入增长速度。

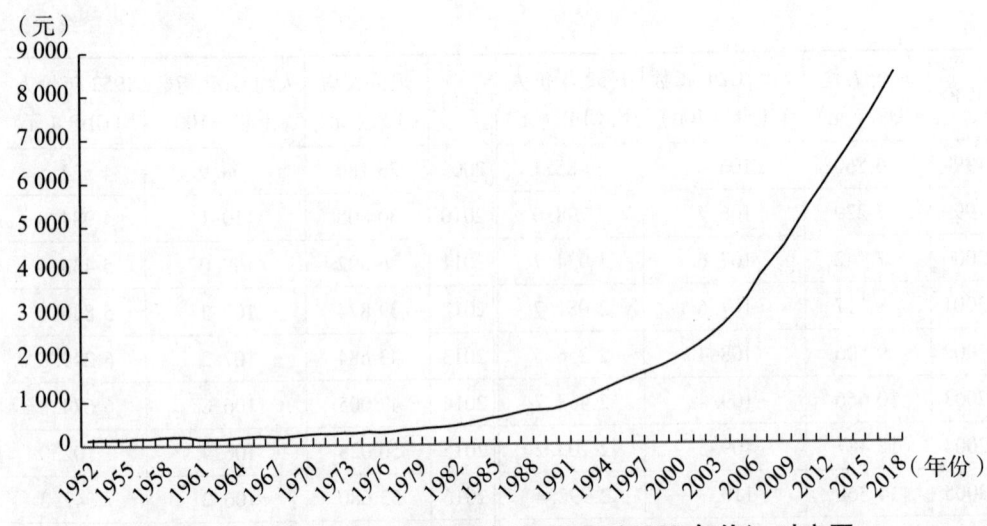

图 2-2　1952~2018 年中国人均 GDP（1952 年价）时序图

根据表 2-4 中按 1952 年价格计算的人均 GDP（记为 pcGDP）数据，拟合指数曲线，考虑到模型的自相关问题，采用可行广义最小二乘法（FGLS），结果见式 (2.3)。

$$\ln(\widehat{pcGDP}) = 4.4308 + 0.0660t$$
$$Se = (0.2174)\ (0.0100)$$
$$t = (20.38)\ \ (6.60)$$
$$P = (0.0000)\ (0.0000)$$
$$R^2 = 0.9979 \quad DW = 1.7706 \tag{2.3}$$

从拟合方程 (2.3) 来看，回归系数在 1% 下显著，判定系数为 0.9985，模型整体拟合效果很好。由式 (2.3) 变形，即可得到指数增长曲线，见式 (2.4)。

$$\widehat{GDP} = 83.9986 e^{0.0660t} \tag{2.4}$$

式 (2.4) 中 e 为自然对数的底（e≈2.71828），t 为时间标号（1952 年取 1，1953 年取 2，依此类推）。

中国人均收入与世界高收入国家还存在较大差距。根据世界银行 2019 年 6 月 28 日发布的人均 GDP（按国际汇率法计算）排行榜数据，2018 年中国人均 GDP 为 9 771 美元，在世界银行公布统计数据的 207 个经济体中排名第 85 位。2018 年全球人均 GDP 为 11 297 美元，中国人均 GDP 是全球人均 GDP 的 86.5%。

分区域看，东亚与太平洋地区人均 GDP 为 11 132 美元，欧洲和中亚地区人均 GDP 为 25 070 美元，北美地区人均 GDP 达 60 968 美元，拉美和加勒比海地区人均 GDP 为 9 024 美元，中东和北非地区人均 GDP 为 8 057 美元，南亚地区人均 GDP 为 1 906 美元，撒哈拉以南非洲人均 GDP 为 1 574 美元。分收入组看，高收入经济体人均 GDP 为 44 706 美元，是世界平均水平的 3.96 倍；中上收入经济体人均 GDP 为 9 200 美元，是世界平均水平的 81.4%；中下收入经济体人均 GDP 为 2 219 美元，是世界平均水平的 19.64%；低收入经济体人均 GDP 为 811 美元，是世界平均水平的 7.18%。2018 年 GDP（按国际汇率法计算）前十位国家的人均 GDP 比较见表 2-5。

表 2-5　2018 年 GDP（按国际汇率法计算）前十位国家的人均 GDP 比较

国家	GDP（百万美元）	人口（千人）	人均 GDP（美元/人）
美国	20 494 100	327 167	62 641
中国	13 608 152	1 392 730	9 771
日本	4 970 916	126 529	39 287
德国	3 996 759	82 928	48 196
英国	2 825 208	66 489	42 491
法国	2 777 535	66 987	41 464
印度	2 726 323	1 352 617	2 016
意大利	2 073 902	60 431	34 319
巴西	1 868 626	209 469	8 921
加拿大	1 709 327	37 059	46 124

资料来源：根据世界银行相关数据整理。

三、中国经济增长速度分析

（一）经济增长速度测度指标

经济增长速度也称经济增长率，它是反映一个国家或地区在一定时期内

(一般是一个季度或一个年度）经济发展水平变化程度的动态指标，也是反映一个国家经济活力的基本指标，其数值大小意味着经济增长的快慢。其测度方法有两种：一种是用报告期国内生产总值的增长量与基期国内生产总值相比得到；另一种是用报告期人均国内生产总值的增长量与基期人均国内生产总值相比得到。以各期现行价格计算的 GDP 得出的增长率是名义经济增长率，以不变价格（以某一时期的价格为基期价格）计算的 GDP 得出的增长率是实际经济增长率。在测度经济增长时，一般都采用实际经济增长率。设第 t–1 期 GDP 为 GDP_{t-1}，第 t 期的 GDP 变为 GDP_t，则第 t 期的经济增长率为：

$$g = \frac{GDP_t - GDP_{t-1}}{GDP_{t-1}} = \frac{GDP_t}{GDP_{t-1}} - 1 \qquad (2.5)$$

在经济增长率 g 取值处于（–15%，15%）范围时，经济增长率还可以采用对数差分的方法进行近似计算。当 $g \in (-15\%, 15\%)$ 时，根据数学知识可知：

$$\ln(1+g) \approx g$$

因

$$\ln(1+g) = \ln\left(1 + \frac{GDP_t - GDP_{t-1}}{GDP_{t-1}}\right) = \ln\left(\frac{GDP_t}{GDP_{t-1}}\right) = \ln(GDP_t) - \ln(GDP)_{t-1}$$

故

$$g \approx \ln(GDP_t) - \ln(GDP_{t-1}) \qquad (2.6)$$

如果要反映一个国家或地区在多个时期内的平均每期经济增长的快慢，则需计算平均经济增长率，一般采用几何平均法计算。设初始时期 GDP 为 GDP_0，经过 n 个时期发展后 GDP 变为 GDP_n，则每一期的平均经济增长率为

$$g = \sqrt[n]{\frac{GDP_n}{GDP_0}} - 1 \qquad (2.7)$$

利用式 (2.7) 计算经济平均增长率要求 GDP_n、GDP_0 均为正数，否则结果将会出现错误。如果已知各期变量的实际值，还可以采用累计法（也称高次方程法）计算平均增长率（一般统计学教材均有详细介绍，此处不再赘述。）

此外，还可通过建立如式 (2.8) 所示的增长模型，计算平均增长率。

$$\ln(GDP_t) = \beta_0 + \beta_1 t + u_t \qquad (2.8)$$

式 (2.8) 中 t 为时间趋势变量。

两边对 t 求导，则有

$$\beta_1 = \frac{d(\ln y)}{dt} = \frac{dy/y}{dt} \qquad (2.9)$$

由式（2.9）可知，式（2.8）中回归系数 β_1 代表经济平均增长率。

（二）中国经济增长速度分析

新中国成立以来，我国经济建设并非一帆风顺，在曲折中前进。根据表2-1中GDP指数（上年＝100），推算出1953～2018年各年实际经济增长率，见表2-6。从表2-6可以看出，除1960年（0.0）、1961年（-27.3%）、1962年（-5.6%）、1967（-5.7%）、1968（-4.1%）、1976年（-1.6%）为零或负增长外，其他年份都保持了较高的正增长。经济负增长均出现在改革开放前，主要是受政治因素影响。改革开放以来，国家工作重心转移到经济建设上来，改革开放确立为基本国策，生产力得到极大提高，经济一直保持了较高的增长速度。由表2-6可知，1953～2018年中国GDP保持了年均8%左右的高速增长，社会财富显著增加，人民生活水平得到显著提高。

表2-6　　　　　　　　1953～2018年中国实际经济增长率

年份	增长率（%）	年份	增长率（%）	年份	增长率（%）
1953	15.6	1969	16.9	1985	13.4
1954	4.3	1970	19.3	1986	8.9
1955	6.9	1971	7.1	1987	11.7
1956	15.0	1972	3.8	1988	11.2
1957	5.1	1972	3.8	1989	4.2
1958	21.3	1974	2.3	1990	3.9
1959	9.0	1975	8.7	1991	9.3
1960	0.0	1976	-1.6	1992	14.2
1961	-27.3	1977	7.6	1993	13.9
1962	-5.6	1978	11.7	1994	13.0
1963	10.3	1979	7.6	1995	11.0
1964	18.2	1980	7.8	1996	9.9
1965	17.0	1981	5.1	1997	9.2
1966	10.7	1982	9.0	1998	7.8
1967	-5.7	1983	10.8	1999	7.7
1968	-4.1	1984	15.2	2000	8.5

续表

年份	增长率（%）	年份	增长率（%）	年份	增长率（%）
2001	8.3	2007	14.2	2013	7.8
2002	9.1	2008	9.7	2014	7.3
2003	10.0	2009	9.4	2015	6.9
2004	10.1	2010	10.6	2016	6.7
2005	11.4	2011	9.6	2017	6.8
2006	12.7	2012	7.9	2018	6.6

资料来源：根据国家统计局相关数据整理。

根据表2-6数据，绘制1953~2018年中国经济实际增长率的变化图，见图2-3。图2-3反映了自1978年改革开放以来，经济建设保持了持续高速增长，没有出现改革开放前的大起大落情况。

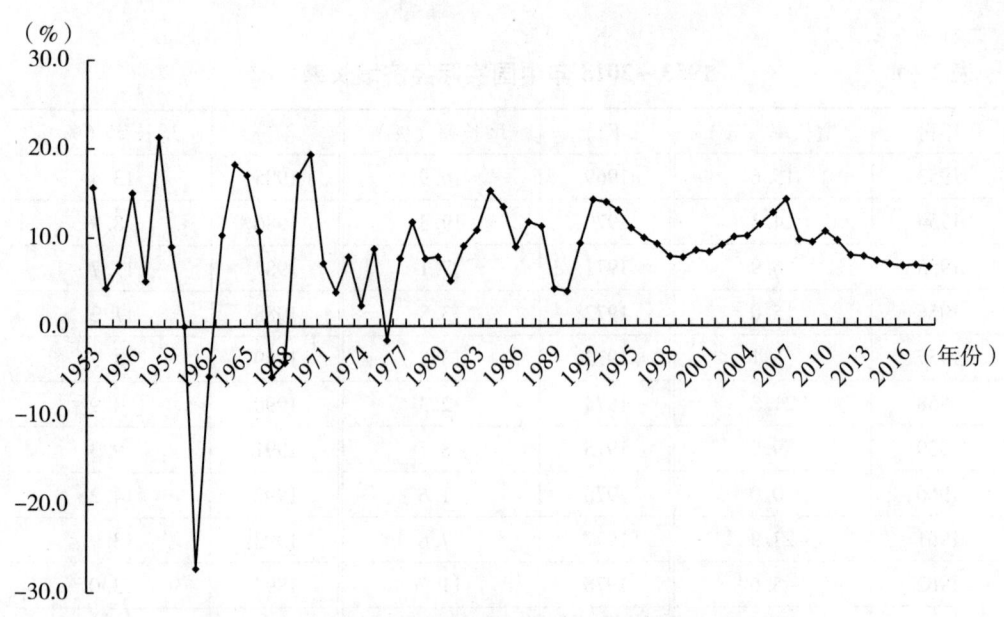

图2-3　1953~2018年中国经济实际增长率变化图

我国经济发展是一个渐进的过程，经济体制经历了从计划经济到市场经济的转变，分析图2-3可以看出，以1978年改革开放为标志事件，从大的方面进行划分，我国经济建设可分为改革开放前和改革开放后两个阶段。下面通过邹断点检验方法进行验证。设1978年为断点，检验结果见表2-7。

表 2-7　　　　　邹断点检验（Chow Breakpoint）结果

邹断点检验：1978

零假设：在指定断点处没有突变

改自变量：全部方程变量

方程样本：1952 2018

F - 统计量	133.4204	$F(2, 63)$ 的 P 值	0.0000
对数似然比	110.9168	$\chi^2(2)$ 的 P 值	0.0000
沃尔德统计量	266.8407	$\chi^2(2)$ 的 P 值	0.0000

由表 2-7 可知，F=133.4204，对应的 P 值 =0.0000，拒绝 1978 年不是断点的原假设，即经济建设可分为改革开放前后两个阶段。引入虚拟变量 D_t，设

$$D_t = \begin{cases} 1 & (t > 27) \\ 0 & (t \leqslant 27) \end{cases}, \text{其中 t 表示时间（t 取 27 为 1978 年）}$$

建立分段线性回归模型，考虑到模型的自相关问题，采用 FGLS 方法进行估计，得到估计方程，结果见式（2.10）。

$$\ln(\widehat{GDP_t}) = 6.5156 + 0.0572t + 0.0375(t - 28)D_t$$
$$Se = (0.0518)(0.0032)(0.0049)$$
$$t = (125.78)(17.88)(7.65)$$
$$P = (0.0000)(0.0000)(0.0000)$$
$$R^2 = 0.9989 \quad DW = 1.9382 \tag{2.10}$$

根据式（2.10），分别令 t=0 和 1，得到改革开放前后的估计方程，结果分别见式（2.11）、式（2.12）。

改革开放前，　　　$\ln(\widehat{GDP_t}) = 6.5156 + 0.0572t$ 　　　　（2.11）

改革开放后，　　　$\ln(\widehat{GDP_t}) = 5.4656 + 0.0947t$ 　　　　（2.12）

由式（2.11）、式（2.12）可知，改革开放前即 1952~1978 年，我国年平均经济增长速度约为 5.72%，改革开放后即从 1979 年至今，我国年平均经济增长速度约为 9.47%，是全球经济增长速度较快的国家之一。

（三）中国经济增长速度与世界主要国家的对比分析

根据世界银行的统计数据，2000~2017 年，GDP 年均增长率在 7% 以上的

国家和地区有 21 个，中国年均增长率为 9.7%，居第 5 位。2000~2017 年 GDP 年均增长率在 7% 以上的国家或地区见表 2-8。

表 2-8　　2000~2017 年 GDP 年均增长率在 7% 以上的国家或地区

位次	国家或地区	年均增长率（%）	位次	国家或地区	年均增长率（%）	位次	国家或地区	年均增长率（%）
1	卡塔尔	11.5	8	阿富汗	7.9	15	柬埔寨	7.5
2	阿塞拜疆	10	8	蒙古国	7.9	15	老挝	7.5
2	缅甸	10	10	卢旺达	7.8	17	塔吉克斯坦	7.4
4	埃塞俄比亚	9.8	11	东帝汶	7.7	18	乍得	7.3
5	中国	9.7	12	不丹	7.6	18	莫桑比克	7.3
6	土库曼斯坦	9.4	12	赤道几内亚	7.6	20	安哥拉	7
7	中国澳门	9.2	12	乌兹别克斯坦	7.6	20	巴拿马	7

资料来源：根据世界银行相关数据整理。

第二节　中国经济增长质量分析

一、经济增长质量的内涵

习近平总书记在党的十九大报告中指出："我国经济已由高速增长阶段转向高质量发展阶段，正处在转变发展方式、优化经济结构、转换增长动力的攻关期，建设现代化经济体系是跨越关口的迫切要求和我国发展的战略目标"[①]。经济高质量发展，首先要求经济高质量增长，经济建设不再单纯以经济总量的高低论英雄，还要看经济增长的质量。经济质量是个抽象的概念，不同学者有不

---

① 习近平：《决胜全面建成小康社会　夺取新时代中国特色社会主义伟大胜利——在中国共产党第十九次全国代表大会上的报告》，人民出版社 2017 年版。

同理解。什么是经济增长质量？所谓经济增长质量，就是经济增长的优劣程度，强调的是经济增长的质的方面，是回答经济增长得好不好的问题。量变积累到一定程度，必须转向质的提升，这是符合唯物辩证法基本原理的，也符合经济发展的一般规律。党的十九大报告指出，"新时代我国社会主要矛盾是人民日益增长的美好生活需要和不平衡不充分的发展之间的矛盾"。高质量发展，就是满足人民日益增长的美好生活需要的发展，是体现贯彻创新、协调、绿色、开放、共享新发展理念的发展。2018年中央经济工作会议指出，"推动高质量发展，是保持经济持续健康发展的必然要求，是适应我国社会主要矛盾变化和全面建成小康社会、全面建设社会主义现代化国家的必然要求，是遵循经济发展规律的必然要求"。

现在，我国正处于转变经济发展方式的关键阶段，传统以消耗资源、投资拉动为主的发展方式难以为继，一方面，必须推动高质量发展，形成优质高效的多样化供给体系，深化供给侧结构性改革，才能在新的水平上形成供求平衡，实现经济持续健康发展。另一方面，推动高质量发展是解决我国社会主要矛盾的需要，我国社会不平衡不充分的发展本身就是经济发展质量不高的一种表现。20世纪60年代以来，全球100多个中等收入经济体只有十几个成功进入高收入经济体。事实表明，那些取得成功的国家，都是在经济经历了一段高速发展之后，经济发展从量的提高转换到质的提升上。反观那些徘徊不前，甚至倒退的国家，就是没有实现这种根本转变。改革开放以来，我国经济高速发展，到2018年，GDP总量已达90多万亿元，我们重视量的发展，但更重视质的提升，只有经济质量大幅提高，才有经济数量的有效增长。

经济高质量发展的内涵十分丰富，不仅包括经济高质量增长，而且包括国民生活质量以及整个社会各个不同方面的总体进步，是经济发展到一定阶段的必然要求。经济增长本身就包含了经济增长数量和经济增长质量两个方面。经济增长质量，从狭义上来看，其核心内容是产出与投入的比例，即经济增长效果或经济增长效率，其核心是提高全要素生产率；从广义上来看，其内容更加宽泛，除了经济增长效率，还包括经济增长的持续性和稳定性、经济增长方式、经济结构状态、收入分配以及生态环境等方面的内容。经济是否高质量增长，取决于经济活动的优化程度，即经济活动的四个环节——生产、分配、交换、消费的优化程度。其中生产对分配、交换和消费起着决定性作用，主要表现为：一是生产决定着分配、交换和消费的对象，二是生产决定分配、交换和消费的水平与结构，三是生产决定分配、交换和消费的具体形式，四是生产的社会性质决定着分配、交换和消费的社会性质。同时，分配、交换和消费对生产具有反作用，具体表现为：一是适合生产力发展的分配方式，能够调动生产者的积极性，促进生产的发展，反之则起阻碍作用，二是交换的发展能促进生产的发展，反之则阻碍生产的发展，三是消费使生产出来的产品最终得到实现，消费为生产的发展创造出动力，反之则阻碍生产力的发展。经济是不是高质量增长，其判断标准主要看经济增长是不是符合新发展理念，高质量的经济增长必须是践行新发展理念的经济增长，其基本内容主要包括以下五个方面。

（一）创新成为经济增长的第一动力

创新，意味着经济发展动力机制的转换。创新发展理念不限于我们平常讲的狭义上的科技创新，它至少包括以下多个内涵：第一是一个整体和全局的宏观概念，内容极其丰富。正如党的十八届六中全会提出的，必须把创新摆在国家发展全局的核心位置，不断推进理论创新、制度创新、科技创新、文化创新等各方面创新，让创新贯穿党和国家一切工作，让创新在全社会蔚然成风；第二是一个发展模式和发展类型的理论概括，这种模式，在"十三五规划建议"中命名为"引领型发展"。这种"引领型发展"，创新必须成为发展基点，在创新的体制架构下，更多依靠创新驱动、发挥先发优势引领经济发展；第三，在微观层面上，要激发创新创业活力，推动大众创业、万众创新，释放新需求，创造新供给，推动新技术、新产业、新业态蓬勃发展；第四，在中观层面上，拓展发展新空间，形成沿海沿江沿线经济带为主的纵向横向经济轴带，培育壮大若干重点经济区；第五，在产业布局上，涵盖第一、二、三产业在内的各个产业创新战略布局；第六，在战略重点上，紧跟科技发展新趋势，提出发挥科技创新在全面创新中的引领作用，实施一批国家重大科技项目，在重大创新领域组建一批国家实验室，积极提出并牵头组织国际大科学计划和大科学工程；第七，在构建创新发展体制上，提出加快形成有利于创新发展的市场环境、产权制度、投融资体制、分配制度、人才培养引进使用机制；第八，在政府作用上，强调深化行政管理体制改革，进一步转变政府职能，持续推进简政放权、放管结合、优化服务，提高政府效能，激发市场活力和社会创造力，完善各类国有资产管理体制，建立健全现代财政制度、税收制度，改革并完善适应现代金融市场发展的金融监管框架；第九，在创新和完善宏观调控方式上，提出在区间调控基础上加大定向调控力度，减少政府对价格形成的干预，全面放开竞争性领域商品和服务价格。这样看来，创新发展放在五大发展理念之首，就有着统领发展全局的意义。创新发展，包括了发展本身的创新、改革方式的创新、宏观调控的创新。创新发展，意味着动力机制的转换，与传统资本单纯追求利润不同，创新的动力不能用经济人动机来解释，熊彼特对此做过专门的解释。

（二）协调成为经济增长的内生特点

协调发展，就是要"补短板"，注重解决发展不协调不平衡问题。管理学上有一个"木桶定律"，也叫"短板效应"，是说一只木桶盛水的多少，并不取决于桶壁上最高的那块木板，恰恰取决于最短的那块木板。当前，我们在社会事业发展、生态环境保护、民生保障等方面还存在着一些明显的短板。为此，我们必须着眼于中国特色社会主义事业总体布局，正确处理发展中的重大关系，重点促进城乡区域协调发展，促进经济社会协调发展，促进新型工业化、信息化、城镇化、农业现代化同步发展，在增强国家硬实力的同时注重提升国家软实力，不断增强发展整体性。协调发展，涵盖了区域协调发展、城乡协调发展、物质文明和精神文明协调发展、经济建设和国防建设融合发展、军民融合发展。而我们现实的经济发展，各方面都还存在着大量的不协调，部门分割、地方封锁、行政藩篱等掣肘的现象还比较常见，阻碍着经济发展。从人类发展的历史看，分工与协作产生新的生产力，在现代市场经济中，这一原理会以新的表现形式发生作用。在社会主义市场经济条件下，协调发展的本质是顺应经济按比例发展这一客观规律的要求。在经济新常态的背景下，协调发展一定会释放出新的生产力发展的巨大潜能。

（三）绿色成为经济增长的普遍形态

绿色发展，就是坚持"绿水青山就是金山银山"的理念，注重处理好人与自然和谐共生的问题。绿色发展是永续发展的必要条件和人民对美好生活追求的重要体现。我们要从国家和民族永续发展的高度,从对全球生态安全的历史担当和对人民期盼的时代回应的高度,把握绿色发展理念的精髓,看待和处理人与自然的关系问题。要从无节制的向自然单向索取,转向有序有度利用自然,促进人与自然和谐共生。不考虑生态和环境后果,盲目实施高耗能、高污染的项目,虽然可以带来暂时的政绩和经济效益,但无异于杀鸡取卵、竭泽而渔,势必给环境和社会带来持久戕害。当前,我国资源约束趋紧、环境污染严重、生态系统退化等问题十分严峻,人民群众对清新空气、干净饮水、安全食品、优美环境的要求越来越强烈。为此,经济发展决不能以牺牲环境为代价,必须坚持节约资源和保护环境的基本国策,坚持低碳循环可持续发展,加快建设资源节约型、环境友好型社会,努力形成人与自然和谐发展的现代化建设新格局。

(四) 开放是经济增长的必由之路

开放发展,就是要在"引进来""走出去"上双向发力,注重解决好发展的内外联动问题。当前经济全球化深入发展,世界经济深度调整,我国经济与世界经济的相互联系相互影响日益加深,对外开放必须从软件硬件上全面"提速升级",充分考虑国内国际经济联动效应。只有在"提速升级"中增强驾驭和统筹国际国内两个市场、两种资源和两类规则的本领,才能在培育我国参与和引领国际经济合作和竞争新优势中掌握主动权、占领制高点。因此,必须坚持实施互利共赢的开放战略,坚持内外需协调、进出口平衡、"引进来"和"走出去"并重、引资和引技引智并举。"引进来",就要扩大开放领域,放宽准入限制,重点吸收外资的技术创新能力、先进管理经验以及高素质人才;"走出去",就要以"一带一路"建设为带动,发展更高层次的开放型经济,积极参与全球经济治理和公共产品供给,推动装备、技术、标准、服务"走出去",深度融入全球产业链、价值链、物流链,协同推进战略互信、经贸合作、人文交流,努力形成深度融合的互利合作格局。

(五) 共享是经济增长的根本目的

共享发展,就是要把"蛋糕"分配好,注重解决好社会公平正义问题。让广大人民群众共享改革发展成果,是我们党坚持全心全意为人民服务根本宗旨的重要体现。改革开放以来，我国经济发展的"蛋糕"不断做大，但分配不公问题还比较突出，收入差距、城乡区域公共服务水平差距较大。为此，我们必须坚持发展为了人民、发展依靠人民、发展成果由人民共享，从解决人民群众最关心最直接最现实的公平正义问题入手，作出更有效的制度安排，增加公共服务供给，提高公共服务共建能力和共享水平；实施精准扶贫、精准脱贫；健全再分配调节机制，明显增加低收入劳动者的收入，扩大中等收入者比重，形成两头小、中间大的橄榄形收入分配格局；坚守底线、突出重点、完善制度、引导预期、注重机会公平，保障基本民生，形成人人共享发展成果的良性生态链。

二、中国经济增长质量分析

经济增长质量涉及经济生活的各个方面，限于本书主题及篇幅，下面主要就经济增长的稳定性、经济结构、能源效率等几方面进行分析。

（一）经济增长的稳定性

经济增长的稳定性是对经济增长波动性的描述，反映短期经济增长波动偏离经济长期增长趋势的程度，短期波动程度可以通过计算增长率的变化率来测度，中长期波动性可以通过计算标准差或方差来测定。

设 g_t 为第 t 期经济增长率，记 r_t 为第 t 期经济增长率的变化率，s_t 为期初（不妨设为第 1 期）至第 t 期经济增长率的标准差，则：

$$r_t = \frac{g_t - g_{t-1}}{g_{t-1}} \tag{2.13}$$

$$r_t = \sqrt{\frac{\sum_{i=1}^{t}(g_t - \overline{g})^2}{t-1}} \text{（其中} \overline{g} \text{为该时期内经济平均增长率）} \tag{2.14}$$

根据表 2-6 中的经济增长率数据，运用公式（2.13），计算 1954~2018 年各年经济增长率的变化率，结果见表 2-9。

表2-9　　1954~2018年各年经济增长率的变化率

年份	增长率变化率（%）	年份	增长率变化率（%）	年份	增长率变化率（%）
1953	—	1975	278.3	1997	-7.1
1954	-72.4	1976	-118.4	1998	-15.2
1955	60.5	1977	-575.0	1999	-1.3
1956	117.4	1978	53.9	2000	10.4
1957	-66.0	1979	-35.0	2001	-2.4
1958	317.6	1980	2.6	2002	9.6
1959	-57.7	1981	-34.6	2003	9.9
1960	-100.0	1982	76.5	2004	1.0
1961	—	1983	20.0	2005	12.9
1962	-79.5	1984	40.7	2006	11.4
1963	-283.9	1985	-11.8	2007	11.8
1964	76.7	1986	-33.6	2008	-31.7
1965	-6.6	1987	31.5	2009	-3.1
1966	-37.1	1988	-4.3	2010	12.8
1967	-153.3	1989	-62.5	2011	-9.4
1968	-28.1	1990	-7.1	2012	-17.7
1969	-512.2	1991	138.5	2013	-1.3
1970	14.2	1992	52.7	2014	-6.4
1971	-63.2	1993	-2.1	2015	-5.5
1972	-46.5	1994	-6.5	2016	-2.9
1973	105.3	1995	-15.4	2017	1.5
1974	-70.5	1996	-10.0	2018	-2.9

资料来源：根据国家统计局相关数据整理。

根据表2-8的数据，绘制增长率变化率的时序图，见图2-4。从图2-4可以直观看出，1954~1978年经济增长率的变化率波动幅度较大，1958年增长率变化率的增幅最大，达到了317.6%，1977年增长率变化率的降幅最大，达到了-575%，经济发展大起大落，即使经济出现了正增长，其增长质量也不高；改革开放后，1979~2018年经济增长率的变化率的波动幅度明显降低，1989年增长率变化率向下波动幅度最大，达到了-62.5%，1991年经济强劲反弹，增长率变化率向上波动幅度最大，达到了138.5%，事实说明，和平稳定的建设环境是经济稳定增长的基础，稳定是最重要的，离开了稳定，经济增长的平稳性就无从谈起。

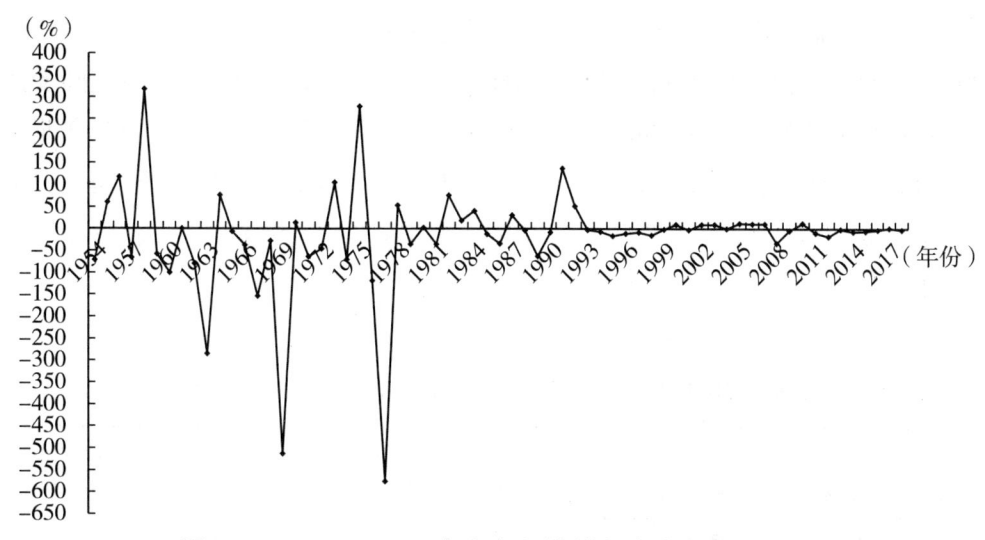

图 2-4　1954~2018 年各年经济增长率变化率时序图

（二）经济结构

经济结构是指国民经济的组成和构造。经济结构是一个由许多系统构成的多层次、多因素的复合体。影响经济结构形成的因素很多，最主要的是社会对最终产品的需求，而科学技术进步对经济结构的变化也有重要影响。一个国家的经济结构是否合理，主要看它是否建立在合理的经济可能性之上，结构合理就能充分发挥经济优势，有利于国民经济各部门的协调发展。经济结构状况是衡量国家和地区经济发展水平的重要尺度。不同经济体制，不同经济发展趋向的国家和地区，经济结构状况差异甚大。

经济结构是一个由许多系统构成的多层次、多因素的复合体，有多重含义，包括企业结构、产业结构、区域结构等。从国民经济各部门和社会再生产的各个方面的组成和构造考察，则包括产业结构（如第一、二、三次产业的构成；农业、轻工业、重工业的构成等）、分配结构（如积累与消费的比例及其内部的结构等）、交换结构（如价格结构、进出口结构等）、消费结构、技术结构、劳动力结构等。下面主要从产业结构角度对经济结构进行简要分析。

根据国家统计局年度数据资料，测算 1952~2018 年三次产业增加值占国内生产总值的比重，结果见表 2-10。改革开放以前的中国经济，农业、工业、服务业基础薄弱，我国是一个农业大国，经济以农业为主，改革开放后经济重心逐渐向工业转移。1978 年改革开放以后，通过优先发展轻工业，扩大高档消费品进口，加强基础产业、基础设施建设，大力发展第三产业等一系列政策和措施，使中国的经济结构趋于协调，并向优化和升级的方向发展。中国各产业之间及其内部的比例关系都有了明显的改善，其中第一产业比重下降，第二、第三产业比重上升；国民经济总量增长从主要由第一、第二产业带动，转为主要由第二、第三产业带动，第二产业的增长构成了中国经济高速发展的主要动力。在整体产业结构变化的同时，各产业内部的结构也发生了较大的变化（见表2-10）。

表2-10　1952~2018年三次产业增加值占国内生产总值的比重　　单位：%

年份	第一产业	第二产业	第三产业	年份	第一产业	第二产业	第三产业
1952	50.49	20.78	28.73	1976	32.36	45.04	22.60
1953	45.85	23.24	30.91	1977	28.99	46.70	24.31
1954	45.59	24.52	29.89	1978	27.69	47.71	24.60
1955	46.18	24.30	29.52	1979	30.70	46.96	22.34
1956	43.07	27.20	29.73	1980	29.63	48.06	22.31
1957	40.13	29.55	30.32	1981	31.32	45.97	22.71
1958	33.98	36.85	29.17	1982	32.79	44.62	22.59
1959	26.51	42.61	30.87	1983	32.57	44.23	23.20
1960	23.18	44.39	32.43	1984	31.54	42.93	25.53
1961	35.79	31.93	32.27	1985	27.93	42.71	29.35
1962	38.99	31.31	29.70	1986	26.64	43.51	29.85
1963	39.85	33.07	27.08	1987	26.32	43.32	30.36
1964	38.03	35.33	26.64	1988	25.24	43.53	31.24
1965	37.55	35.09	27.36	1989	24.61	42.50	32.89
1966	37.18	37.88	24.94	1990	26.58	41.03	32.38
1967	39.81	33.89	26.31	1991	24.03	41.49	34.48
1968	41.64	31.11	27.25	1992	21.33	43.12	35.55
1969	37.52	35.42	27.06	1993	19.31	46.18	34.51
1970	34.80	40.27	24.93	1994	19.47	46.16	34.36
1971	33.63	41.92	24.45	1995	19.60	46.75	33.65
1972	32.42	42.77	24.82	1996	19.33	47.11	33.57
1973	32.93	42.83	24.25	1997	17.90	47.10	35.00
1974	33.43	42.43	24.14	1998	17.16	45.80	37.04
1975	31.95	45.36	22.69	1999	16.06	45.36	38.57

续表

年份	第一产业	第二产业	第三产业	年份	第一产业	第二产业	第三产业
2000	14.68	45.54	39.79	2010	9.33	46.50	44.18
2001	13.98	44.79	41.22	2011	9.18	46.53	44.29
2002	13.30	44.45	42.25	2011	9.18	46.53	44.29
2003	12.35	45.62	42.03	2011	9.18	46.53	44.29
2004	12.92	45.90	41.18	2014	8.67	43.28	48.04
2005	11.64	47.02	41.33	2015	8.42	41.11	50.46
2006	10.63	47.56	41.82	2016	8.13	40.07	51.80
2007	10.25	46.89	42.87	2017	7.57	40.54	51.89
2008	10.17	46.97	42.86	2017	7.57	40.54	51.89
2009	9.64	45.96	44.41				

资料来源：根据国家统计局网站年度国内生产总值数据测算。

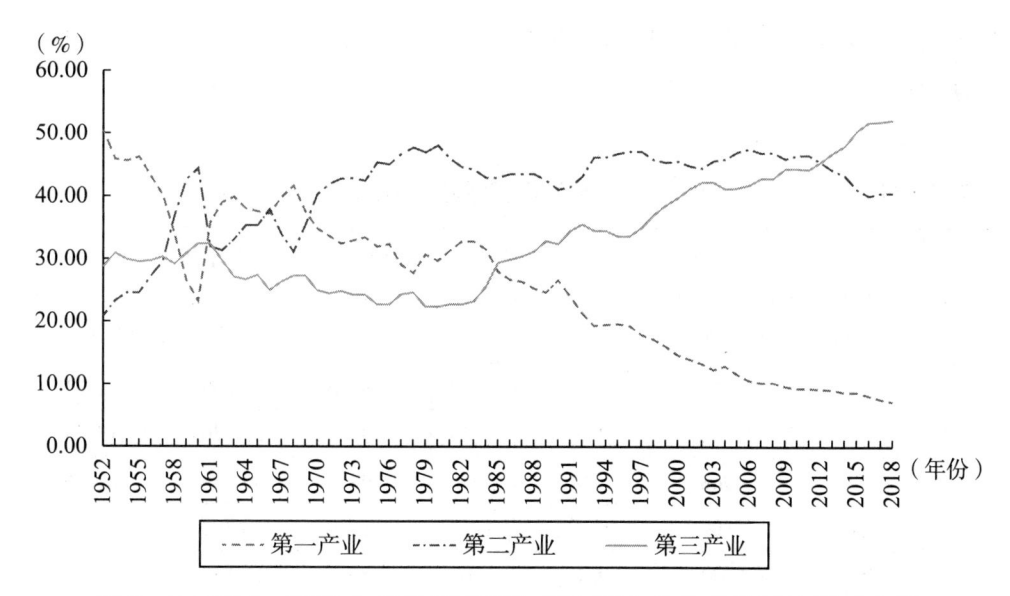

根据表2-9绘制1952~2018年三次产业增加值占国内生产总值的比重的时序图，见图2-5。由图2-5可清楚看到，改革开放以来，第一产业增加值占国内生产总值的比重逐年下降，第三产业增加值占国内生产总值的比重逐年上升，到2012年，第三产业增加值占国内生产总值的比重已超过第二产业，到2015年，第三产业占国内生产总值的比重已超过50%，产业结构进一步优化。

图2-5 1952~2018年三次产业增加值占国内生产总值的比重时序图

(三) 能源效率

何为能源效率？世界能源委员会在 1995 年出版的《应用高技术提高能效》中，把"能源效率"定义为减少提供同等能源服务的能源投入。"能源服务"的含义是能源的使用并不是它自身的终结，而是为满足人们需要提供服务的一种投入。从物理观点来讲，所谓能源效率是指在利用能源资源的各项活动（从开采到终端利用）中，所得到的起作用的能量与实际消费的能量之比；从消费的观点而论，能源效率是指为终端用户提供的能源服务与所消费的能量之比；从经济学观点来看，能源效率是指每生产一单位 GDP 的产品或服务所消耗的能源数量。一个国家或地区的综合能源效率指标是增加单位 GDP 的能源需求，即单位 GDP 能耗，也即能源消费强度。单位 GDP 能耗越低，说明生产一单位 GDP 的产品或服务所消耗的能源越少，经济增长质量就越高。

根据国家统计局提供的数据资料，计算我国 1953~2018 年中国单位 GDP 能耗，结果见表 2-11。由表 2-11 可知，随着经济发展，单位 GDP 能耗呈现先增后减态势。按 1952 年价格计算，1960 年单位 GDP 能耗最高，达到 21.58 吨标准煤/万元。改革开放后，单位 GDP 能耗显著降低，随着新发展理念的深入贯彻，"绿水青山就是金山银山"的理念深入人心，经济增长更加注重效率，生态环境逐步得到改善，经济增长质量正稳步提高。2018 年单位 GDP 能耗降到历史最低位，达到历史最好水平。按 1952 年价格计算，2018 年单位 GDP 能耗为 3.9 吨标准煤/万元。

表 2-11　　　　　　　　1953~2018 年中国单位 GDP 能耗

年份	1952 年价 GDP（亿元）	能源消费总量（万吨标准煤）	单位 GDP 能耗（吨标准煤/万元）	年份	1952 年价 GDP（亿元）	能源消费总量（万吨标准煤）	单位 GDP 能耗（吨标准煤/万元）
1953	785.0	5 411	6.89	1958	1 283.3	17 599	13.71
1954	818.8	6 234	7.61	1959	1 398.8	23 926	17.11
1955	875.3	6 968	7.96	1960	1 398.8	30 188	21.58
1956	1 006.6	8 800	8.74	1961	1 016.9	20 390	20.05
1957	1 057.9	9 644	9.12	1962	959.9	16 540	17.23

续表

年份	1952年价GDP（亿元）	能源消费总量（万吨标准煤）	单位GDP能耗（吨标准煤/万元）	年份	1952年价GDP（亿元）	能源消费总量（万吨标准煤）	单位GDP能耗（吨标准煤/万元）
1963	1 058.8	15 567	14.70	1991	9 919.406	103 783	10.5
1964	1 251.5	16 637	13.29	1992	11 327.96	109 170	9.6
1965	1 464.3	18 901	12.91	1993	12 902.55	115 993	9.0
1966	1 621.0	20 269	12.50	1994	14 579.88	122 737	8.4
1967	1 528.6	18 328	11.99	1995	16 183.67	131 176	8.1
1968	1 465.9	18 405	12.56	1996	17 785.85	135 192	7.6
1969	1 713.6	22 730	13.26	1997	19 422.15	135 909	7.0
1970	2 044.4	29 291	14.33	1998	20 937.08	136 184	6.5
1971	2 189.5	34 496	15.76	1999	22 549.23	140 569	6.2
1972	2 272.7	37 237	16.38	2000	24 465.92	146 964	6.0
1973	2 450.0	39 109	15.96	2001	26 496.59	155 547	5.9
1974	2 506.3	40 144	16.02	2002	28 907.78	169 577	5.9
1975	2 724.4	45 425	16.67	2003	31 798.55	197 083	6.2
1976	2 680.8	47 831	17.84	2004	35 010.21	230 281	6.6
1977	2 884.5	52 354	18.15	2005	39 001.37	261 369	6.7
1978	3 222.0	57 144	17.74	2006	43 954.54	286 467	6.5
1979	3 466.9	58 588	16.90	2007	50 196.09	311 442	6.2
1980	3 737.3	60 275	16.13	2008	55 065.11	320 611	5.8
1981	3 927.9	59 447	15.13	2009	60 241.23	336 126	5.6
1982	4 281.5	62 067	14.50	2010	66 626.8	360 648	5.4
1983	4 743.8	66 040	13.92	2011	73 022.97	387 043	5.3
1984	5 464.9	70 904	12.97	2012	78 791.79	402 138	5.1
1985	6 197.2	76 682	12.37	2013	84 937.55	416 913	4.9
1986	6 748.765	80 850	12.0	2014	91 137.99	425 806	4.7
1987	7 538.37	86 632	11.5	2015	97 426.51	429 905	4.4
1988	8 382.668	92 997	11.1	2016	103 954.1	435 819	4.2
1989	8 734.74	96 934	11.1	2017	111 023	448 529	4.0
1990	9 075.395	98 703	10.9	2018	118 350.5	464 000	3.9

资料来源：根据国家统计局网站数据资料整理。

第三节　中国经济增长趋势分析

一、经济增长理论模型

模型是对现实世界的抽象和模拟，由于现实世界的复杂性，针对现实世界的不同内容进行抽象与模拟，就形成了不同的模型，比如有物理模型、计算机模拟模型、数学模型等。在现代经济学研究中，大量用到经济数学模型。所谓经济数学模型就是用数学方法描述经济活动，根据所采用的数学方法不同，对经济活动揭示的程度不同，构成各类不同的经济数学模型。本节，我们着重区分数理经济模型和计量经济模型。数理经济模型揭示经济活动中各个因素之间的理论关系，用确定性的数学方程加以描述。计量经济模型揭示了经济活动中各个因素之间的定量关系，用随机性的数学方程加以描述。在实证分析中，一般需要将数理经济模型改造为计量经济模型。建立模型一般要以经济理论为指导，根据前述不同的经济增长理论，可以建立不同的经济增长模型。下面，以经济增长领域中一个广泛应用的增长模型，即为现代经济增长理论奠定基础的哈罗德—多马模型为起点，简要介绍几种经典经济增长模型。

（一）哈罗德—多马模型

20世纪40年代英国经济学家哈罗德和美国经济学家多马注意到凯恩斯理论忽视了动态经济关系这一严重缺陷，致力于凯恩斯理论的长期化、动态化，提出了一个大致相同的增长模型，人们称之为哈罗德—多马模型。在资本产出比既定、技术状态不变、全社会只生产一种产品、生产过程中投入的仅有的劳动 L 和资本 K 两类生产要素不能相互替代、储蓄率（s）外生、储蓄（S）能够有效地转化为投资、没有资本折旧等假设之下，哈罗德—多马模型把经济增长过程抽象为经济增长率 G、储蓄率 s 和资本——产出比 v 这三个宏观经济变量之间的函数关系。说明如下：

资本——产出比 $v = \dfrac{K}{Y}$，由于假定规模报酬不变，产出与投入等比例增长，资本的增量（ΔK）与产出的增量（ΔY）之比保持不变，则 $\dfrac{\Delta K}{\Delta Y} = \dfrac{K}{Y} = v$，又假设没有折旧，则资本存量的增量等于当期的总投资，则 $I = \Delta K = v\Delta Y$，根据凯恩斯的理论，宏观经济均衡的条件是 $I = S$，即 $v\Delta Y = sY$，于是

$$G = \frac{\Delta Y}{Y} = \frac{s}{v} \tag{2.15}$$

式（2.15）是哈罗德增长模型的基本方程，它说明，经济增长率等于储蓄率除以资本——产出比。

（二）新古典增长模型

美国经济学家罗伯特·索洛于 1956 年在《经济学季刊》上发表了名为"对增长理论的贡献"的论文，阐述了与哈罗德—多马模型相反的观点。索洛提出了一个经济稳定增长的模型即索洛模型，奠定了现代经济增长理论的基础，他因这一贡献于 1987 年获得了诺贝尔经济学奖。

新古典增长模型建立在一个新古典生产函数之上，讨论了在一个封闭的没有政府部门的经济中，储蓄、人口增长及技术进步对经济增长的作用。新古典增长模型的基本假设有：经济由一个部门组成，该部门生产一种既可用于投资，也可用于消费的商品；该经济为封闭经济，不存在国际贸易，政府部门可以忽略；生产的规模报酬不变；该经济的技术进步、人口增长及资本折旧的速度都由外生因素决定；生产的边际收益递减；社会储蓄函数为 $S = sY$，s 为储蓄率。

在没有技术进步的情况下，设生产函数为：

$$Y = F(L, K) \tag{2.16}$$

式中，Y 为总产出，L 为劳动力投入，K 为资本投入，它们均是时间 t 的函数。式（2.16）两边同除以 L，则：

$$\frac{Y}{L} = F\left(1, \frac{K}{L}\right)$$

假定全部人口都参与生产，则上式表明人均产量 Y/L 只受人均资本 Y/L 影

响，设 $y = Y/L$，$k = K/L$，则生产函数的人均表达形式为：

$$y = F(1, k) = f(k) \tag{2.17}$$

一般地，资本积累受投资和折旧影响。设投资为 I，资本折旧率为 δ ($0 < \delta < 1$)，人口增长率为 n，且储蓄可有效转化为投资，即 $I = S$，则：

$$\dot{K} = I - \delta K = S - \delta K = sY - \delta K^{①}$$

上式两边同除以 L，则：

$$\frac{\dot{K}}{L} = \frac{sY}{L} - \frac{\delta K}{L} = sy - \delta k = sf(k) - \delta k \tag{2.18}$$

又 $k = K/L$，该式两边对时间变量求导，则有：

$$\dot{k} = \frac{\dot{K}L - K\dot{L}}{L^2} = \frac{\dot{K}}{L} - nk$$

由此，得：

$$\frac{\dot{K}}{L} = \dot{k} + nk$$

将式 (2.18) 代入上式，整理后可得：

$$\dot{k} = sf(k) - (n + \delta)k \tag{2.19}$$

式 (2.19) 即为新古典增长模型的基本方程。该式表明，人均资本变化等于人均储蓄减去 $(n+\delta)k$ 项。$(n+\delta)k$ 可以理解为"必要的"或"临界的"投资，即保持人均资本 k 不变的必需的投资。δk 是用来抵消折旧部分所需的投资，nk 是保持劳动力以 n 的速率增长所需的投资。总计为 $(n+\delta)k$ 的储蓄（或投资）称为资本的广化。当人均储蓄大于必要的投资数量时，人均资本 k 将上升，这时，经济社会经历资本深化。据此，式 (2.19) 又可以表述为：

资本深化 = 人均储蓄（或投资）- 资本广化

若考虑技术进步这一因素，则经济中的生产函数可表示为：

$$Y = F(AL, K) \tag{2.20}$$

当经济中存在技术进步时，表示技术进步状态的变量 A 将随着时间的推移增大，这时，经济体中的劳动效率会提高。式 (2.20) 中，表达式 AL 称为有效

---

① 注：一个字母变量上加一点表示该变量对时间求导数，即 $\dot{X}$ 是导数 dx/dt 的简写。

劳动，这种情况下，新古典增长模型对生产函数的假定就变为：产出 Y 是资本 K 和有效劳动 AL 的一次齐次函数。对式（2.20）两边同除以 AL，则：

$$\frac{Y}{AL} = F\left(1, \frac{K}{AL}\right) \tag{2.21}$$

令 $\tilde{y} = \frac{Y}{AL}$，$\tilde{k} = \frac{K}{AL}$，则式（2.21）可以写成：

$$\tilde{y} = F(1, \tilde{k}) = f(\tilde{k}) \tag{2.22}$$

考虑到新古典增长模型假定技术进步是外生变量，即假定技术状态变量 A 以一个固定的比率 g 增长，类似前述无技术进步变量的推导过程，可得考虑技术进步情况下，新古典增长模型的基本方程为：

$$\dot{\tilde{k}} = s\tilde{y} - (n+g+\delta)\tilde{k} \tag{2.23}$$

（三）内生增长模型

由于新古典增长模型将技术进步作为人均收入长期增长的唯一源泉和动力，而在模型中技术进步却是外生变量。面对新古典增长模型的缺陷，经济学家对增长理论进行了深刻的反思，形成了目前流行于西方的内生经济增长模型。该理论认为广义资本积累（实物和人力资本）不会产生回报递减。增长过程由广义资本的积累所推动，同时由研发所创造的新知识的生产促进了增长。经济增长不是由外部力量推动的，而是经济系统内部力量作用的产物，进而使增长率内生化，故该模型称为内生经济增长模型。下面简要介绍两个内生增长模型。

1. AK 增长模型

该模型假定：储蓄率 s 为常数；人口增长率和资本折旧率都为零；资本（包括实物资本和人力资本）为唯一生产要素，并且资本的边际报酬不变，总产出 Y 是资本的正比例函数，则可用如下公式表示：

$$Y = AK \tag{2.24}$$

由于假定折旧率为零，所以储蓄全部转化为新增资本，则：

$$\Delta K = sY = sAK$$

故

$$\frac{\Delta K}{K} = sA \tag{2.25}$$

式（2.25）表明，资本增长率与储蓄率成正比。经济总产出或国民总收入与资本总量成正比，因此，国民经济增长率等于资本增长率，即：

$$\frac{\Delta Y}{Y} = sA \tag{2.26}$$

式（2.26）表明，经济增长率与储蓄率成正比，储蓄率越高，经济增长就越快。由于储蓄率是由经济系统内部决定的，只要储蓄率不为零，经济增长就可以持续下去，所以，AK 增长模型是一个内生增长模型。

2. 内生技术进步的增长模型

斯坦福大学教授保罗·罗默（1986；1990）发表了一系列论文，他认为，新知识和技术进步是厂商或个人出于自利目的，理性投资于研发活动而获得的结果，它是一个内生变量。他在传统的物质产品生产部门的基础上，引入一个新的专门生产知识的研发部门，创造性地构造了一个知识外溢的内生技术进步的增长模型。

假定经济系统由两个部门组成，一个是传统的物质产品和劳务生产部门，另一个是知识生产部门，即研究开发部门。为简化讨论，假设物质产品生产部门使用实物资本和人力资本进行生产，生产函数为：

$$Y = AK^{\alpha}(uH)^{1-\alpha} \tag{2.27}$$

式中，Y 表示总产出；K 表示实物资本总量，并且全部用于物质产品的生产；H 表示人力资本总量；u 表示人力资本投入物质产品生产部门的比例，因而 (1 − u) 表示投入知识生产部门的人力资本所占的比例，(1 − u)H 表示投入知识生产部门的人力资本量。

知识生产部门同物质生产部门一样，也需要投入人力资本和实物资本。为简化讨论，假定知识增量是人力资本和已有知识存量（A）的函数。记 ΔA 表示新知识或知识存量的增量，B 是一个大于零的常数，反映其他因素对知识生产函数的影响，则：

$$\Delta A = B(1-u)HA \tag{2.28}$$

由式（2.28），可以得到知识增长率或技术进步率的表达式。

$$\frac{\Delta A}{A} = B(1-u)H \tag{2.29}$$

式（2.29）说明，知识增长率是人力资本投入量等可再生资源的函数。只要不断地进行人力资本投资和积累，增加知识生产部门的投入，就可以推动科学技术的进步，科学技术的进步又可以推动经济持续增长。

二、中国经济增长模型

对上述经济增长模型,根据可获得的统计数据,通过试算,同时结合已有专家学者的研究成果,这里采用新古典模型建立中国经济增长模型①。考虑到包含技术进步的索洛经济增长模型,索洛认为总产出由劳动投入、资本投入、技术进步三大因素决定,其生产函数方程为:

$$Y = A(t)K^{\alpha}L^{\beta} \qquad (2.30)$$

式中,$A(t)$ 表示技术进步因素对经济增长的影响,是时间 t 的函数。对式(2.30)两边取对数,可得到下面方程:

$$\ln Y = \ln A(t) + \alpha \ln K + \beta \ln L \qquad (2.31)$$

对式(2.31)两边求导,则有:

$$\frac{dY}{Y} = \frac{dA}{A} + \alpha \frac{dK}{K} + \beta \frac{dL}{L} \qquad (2.32)$$

式(2.32)中,dY/Y、dK/K、dL/L 分别为总产出、资本存量、劳动投入量的增长率,dA/A 为技术进步率或全要素生产率(total factor productivity,TFP)的增长率。式(2.32)说明经济增长率取决于资本投入、劳动投入和技术进步的增长率。

根据实际统计数据,可以计算出经济增长率、劳动投入和资本投入的增长率。在国民收入的增长中扣除资本投入和劳动投入对经济增长的贡献后,剩余部分就是技术进步对经济增长的贡献,又称"索洛余值",用公式表示如下:

$$\frac{dA}{A} = \frac{dY}{Y} - \alpha \frac{dK}{K} - \beta \frac{dL}{L} \qquad (2.33)$$

如果经济系统规模报酬不变,即 $\alpha + \beta = 1$,则 $\beta = 1 - \alpha$,代入式(2.32),得:

$$\frac{dY}{Y} = \frac{dA}{A} + \alpha \frac{dK}{K} + (1-\alpha) \frac{dL}{L} \qquad (2.34)$$

---

① 李占风:《中国经济增长因素及特征分析》,湖北人民出版社 2008 年版。

三、实证分析

考虑上述索洛新古典增长模型中的 A(t) 项除了反映技术进步的影响外,还可能包含了除劳动投入 L、资本投入 K 之外的其他因素(如金融创新、制度变迁等)的影响,引入时间变量 t 来表示,另考虑到随机因素的影响,引入随机变量 u 表示,则可令:

$$A(t) = A_0 e^{\lambda t + u} \qquad (2.35)$$

将式(2.35)代入式(2.30),并对两边取对数,则有:

$$\ln Y = \ln A_0 + \lambda t + \alpha \ln K + \beta \ln L + u \qquad (2.36)$$

又考虑到我国经济在改革开放前后可能存在不同的增长路径,为了刻画这种特征,下面在式(2.36)中引入虚拟变量加以描述,令:

$$D = \begin{cases} 1 & \text{改革开放后}(t > 1978) \\ 0 & \text{改革开放前}(t \leq 1978) \end{cases}$$

则有如下模型:

$$\ln Y = \ln A_0 + \lambda t + \alpha \ln K + \beta \ln L + \gamma D + u \qquad (2.37)$$

收集 1952~2017 年国内生产总值 GDP(用 Y 表示)、资本形成总额(作为资本投入的替代变量,用 K 表示)、劳动力就业人数(用 L 表示)等数据,并将 GDP、资本形成总额等价值量数据换算为 1952 年数据,整理后结果见表 2-12。

表 2-12　　1952~2017 年 GDP、资本形成额、就业人数

年份	现价 GDP（亿元）	1952 年价 GDP（亿元）	现价资本形成总额（亿元）	1952 年价资本形成总额（亿元）	就业人数（万人）
1952	679.1	679.1	153.7	153.70	20 729
1953	824.4	785.0	198.3	190.19	21 364
1954	859.8	818.8	226.9	215.61	21 832
1955	911.6	875.3	221.5	211.38	22 328
1956	1 030.7	1 006.6	257.6	255.56	23 018
1957	1 071.4	1 057.9	280	274.01	23 771
1958	1 312.3	1 283.3	432	437.63	26 600

续表

年份	现价 GDP（亿元）	1952 年价 GDP（亿元）	现价资本形成总额（亿元）	1952 年价资本形成总额（亿元）	就业人数（万人）
1959	1 447.5	1 398.8	621.7	610.75	26 173
1960	1 470.1	1 398.8	575	543.63	25 880
1961	1 232.3	1 016.9	274.6	223.20	25 590
1962	1 162.2	959.9	178.1	148.13	25 910
1963	1 248.3	1 058.8	265.3	221.42	26 640
1964	1 469.9	1 251.5	350.3	309.94	27 736
1965	1 734.0	1 464.3	462.1	423.34	28 670
1966	1 888.7	1 621.0	569.8	515.21	29 805
1967	1 794.2	1 528.6	425.7	388.40	30 814
1968	1 744.1	1 465.9	432.2	377.94	31 915
1969	1 962.2	1 713.6	485.9	456.87	33 225
1970	2 279.7	2 044.4	744.9	703.32	34 432
1971	2 456.9	2 189.5	819	763.97	35 620
1972	2 552.4	2 272.7	791.1	746.86	35 854
1973	2 756.2	2 450.0	903.5	845.17	36 652
1974	2 827.7	2 506.3	936.1	873.21	37 369
1975	3 039.5	2 724.4	1 062.3	999.85	38 168
1976	2 988.6	2 680.8	990.1	911.45	38 834
1977	3 250.0	2 884.5	1 098.1	1 019.78	39 377
1978	3 678.7	3 222.0	1 412.7	1 276.68	40 152
1979	4 100.5	3 466.9	1 519.9	1 317.01	41 024
1980	4 587.6	3 737.3	1 623.1	1 351.40	42 361
1981	4 935.8	3 927.9	1 662.8	1 342.94	43 725
1982	5 373.4	4 281.5	1 759.6	1 415.14	45 295
1983	6 020.9	4 743.8	1 968.3	1 565.70	46 436
1984	7 278.5	5 464.9	2 560.2	1 941.38	48 197
1985	9 098.9	6 197.2	3 629.6	2 497.39	49 873
1986	10 376.2	6 748.8	4 001.9	2 628.38	51 282
1987	12 174.6	7 538.4	4 644.7	2 902.90	52 783
1988	15 180.4	8 382.7	6 060.3	3 377.30	54 334
1989	17 179.7	8 734.7	6 511.9	3 339.76	55 329

续表

年份	现价 GDP（亿元）	1952年价 GDP（亿元）	现价资本形成总额（亿元）	1952年价资本形成总额（亿元）	就业人数（万人）
1990	18 872.9	9 075.4	6 555.3	3 180.34	64 749
1991	22 005.6	9 919.4	7 892.5	3 606.87	65 491
1992	27 194.5	11 328.0	10 833.6	4 576.32	66 152
1993	35 673.2	12 902.5	15 782.9	5 781.82	66 808
1994	48 637.5	14 579.9	19 916.3	6 062.32	67 455
1995	61 339.9	16 183.7	24 342.5	6 525.12	68 065
1996	71 813.6	17 785.8	27 556.6	6 928.64	68 950
1997	79 715	19 422.1	28 966.2	7 165.76	69 820
1998	85 195.5	20 937.1	30 396.6	7 588.26	70 637
1999	90 564.4	22 549.2	31 665.6	8 013.42	71 394
2000	100 280.1	24 465.9	34 526.1	8 560.70	72 085
2001	110 863.1	26 496.6	40 378.9	9 802.60	72 797
2002	121 717.4	28 907.8	45 129.8	10 873.70	73 280
2003	137 422.0	31 798.6	55 836.7	13 084.48	73 736
2004	161 840.2	35 010.2	69 420.5	15 222.30	74 264
2005	187 318.9	39 001.4	77 533.6	16 291.78	74 647
2006	219 438.5	43 954.5	89 823.4	18 192.54	74 978
2007	270 092.3	50 196.1	112 046.8	21 099.82	75 321
2008	319 244.6	55 065.1	138 242.8	24 252.36	75 564
2009	348 517.7	60 241.2	162 117.9	28 451.13	75 828
2010	412 119.3	66 626.8	196 653.1	32 517.27	76 105
2011	487 940.2	73 023.0	233 327.2	35 731.62	76 420
2012	538 580.0	78 791.8	255 240.0	37 891.27	76 704
2013	592 963.2	84 937.5	282 073.0	40 908.33	76 977
2014	641 280.6	91 138.0	302 717.5	43 451.88	77 253
2015	685 992.9	97 426.5	312 835.7	44 437.15	77 451
2016	740 060.8	103 954.1	329 138.0	46 772.75	77 603
2017	820 754.3	111 023.0	360 627.0	50 256.54	77 640

资料来源：根据国家统计局网站提供的年度及年鉴数据整理。

由于此处数据为时间序列数据，取对数后，经检验 lnY、lnL 均为一阶单整序列，lnK 为平稳序列，且它们之间存在协整关系，可以进行回归分析。计算结果发现，lnL 的系数估计结果为负，不符合实际情况，经检验，有较严重的多重共线性。通过系数约束性检验发现，此经济系数是规模报酬不变的，故可令 α = 1 - β，将其代入（2.37），则：

$$\ln \frac{Y}{K} = \ln A_0 + \lambda t + \beta \ln \frac{L}{K} + u \tag{2.38}$$

由于采用的是时间序列数据，考虑到模型（2.38）存在自相关问题，剔除不显著的虚拟变量后，采用广义最小二乘法估计模型（2.38），结果见式（2.39）。

$$\ln \frac{\hat{Y}}{K} = -1.8954 + 0.6642\ln \frac{L}{K} + 0.0350t$$

$$Se = (0.4628) \quad (0.0153) \quad (0.0052)$$

$$t = (-4.0952)(43.4655) \quad (6.6730)$$

$$P = (0.0001) \quad (0.0000) \quad (0.0000)$$

$$R^2 = 0.9822 \quad DW = 1.6081 \tag{2.39}$$

由式（2.39），则有：

$$\ln \hat{Y} = -1.8954 + 0.0350t + 0.6642\ln L + 0.3358\ln K \tag{2.40}$$

由式（2.40），可得估计的中国经济增长趋势方程为：

$$\hat{Y} = 0.1503 e^{0.0350t} K^{0.3358} L^{0.6642} \tag{2.41}$$

设经济增长率为 G_Y，资本增长率为 G_K，劳动增长率为 G_L，全要素生产率增长率为 G_A，则由式（2.32）可知：

$$G_Y = G_A + \alpha G_K + \beta G_L \tag{2.42}$$

据表 2-11 可知，1952～2017 年 GDP（1952 年价）平均增长率、资本投入（1952 年价的资本形成总额）平均增长率、劳动投入（就业人数）平均增长率分别为：

$$G_Y = \left(\sqrt[65]{\frac{111\,023}{679.1}} - 1\right) \times 100\% = 8.16\% \tag{2.43}$$

$$G_K = \left(\sqrt[65]{\frac{50\,256.54}{153.7}} - 1\right) \times 100\% = 9.32\% \tag{2.44}$$

$$G_L = \left(\sqrt[65]{\frac{77\,640}{20\,729}} - 1\right) \times 100\% = 2.05\% \tag{2.45}$$

由式（2.43）、式（2.44）、式（2.45）可知，1952~2017 年 GDP 平均增长率为 8.16%、资本投入平均增长率为 9.32%、劳动投入平均增长率为 2.05%。

因此，全要素生产率增长率为：

$$\begin{aligned} G_A &= G_Y - \alpha G_K - \beta G_L \\ &= 8.16\% - 0.3358 \times 9.32\% - 0.6642 \times 2.05\% \\ &= 8.16\% - 3.13\% - 1.36\% \\ &= 3.67\% \end{aligned} \quad (2.46)$$

设 E_A、E_K、E_L 分别表示全要素生产率、资本投入、劳动投入对经济增长的贡献率，则：

$$E_A = \frac{G_A}{G_Y} \times 100\% = 44.98\% \quad (2.47)$$

$$E_K = \frac{\alpha G_K}{G_Y} \times 100\% = 38.36\% \quad (2.48)$$

$$E_L = \frac{\beta G_L}{G_Y} \times 100\% = 16.66\% \quad (2.49)$$

由式（2.46）、式（2.47）、式（2.48）、式（2.49）可知，1952~2017 年间，全要素生产率对经济增长的贡献为 44.98%，年均拉动经济增长 3.67 个百分点；资本投入对经济增长的贡献为 38.36%，年均拉动经济增长 3.13 个百分点；劳动投入对经济增长的贡献为 16.66%，年均拉动经济增长 1.36 个百分点。

为了反映各要素对经济增长贡献的动态过程，现将 1953~2017 年各年的 GDP、资本投入、劳动力投入、全要素生产率的增长率及资本投入、劳动力投入、全要素生产率对经济增长的贡献率列于表 2-13。

表 2-13　　　　　　1953~2017 年中国经济增长的源泉核算　　　　　　单位：%

年份	经济增长率	资本增长率	劳动力增长率	全要素生产率增长率	资本贡献率	劳动力贡献率	全要素生产率贡献率
1953	15.60	23.74	3.06	5.59	51.10	13.04	35.86
1954	4.30	13.37	2.19	-1.64	104.38	33.84	-38.22
1955	6.90	-1.96	2.27	6.05	-9.55	21.87	87.68
1956	15.00	20.90	3.09	5.93	46.79	13.68	39.53

续表

年份	经济增长率	资本增长率	劳动力增长率	全要素生产率增长率	资本贡献率	劳动力贡献率	全要素生产率贡献率
1957	5.10	7.22	3.27	0.50	47.54	42.60	9.86
1958	21.30	59.71	11.90	-6.66	94.14	37.11	-31.25
1959	9.00	39.56	-1.61	-3.22	147.60	-11.85	-35.75
1960	0.00	-10.99	-1.12	4.43	—	—	—
1961	-27.30	-58.94	-1.12	-6.76	72.50	2.73	24.77
1962	-5.60	-33.63	1.25	4.86	201.68	-14.83	-86.85
1963	10.30	49.48	2.82	-8.19	161.30	18.17	-79.47
1964	18.20	39.98	4.11	2.04	73.76	15.01	11.23
1965	17.00	36.59	3.37	2.48	72.27	13.16	14.57
1966	10.70	21.70	3.96	0.78	68.11	24.57	7.32
1967	-5.70	-24.61	3.39	0.32	145.00	-39.45	-5.55
1968	-4.10	-2.69	3.57	-5.57	22.06	-57.88	135.82
1969	16.90	20.88	4.10	7.16	41.50	16.13	42.37
1970	19.30	53.94	3.63	-1.23	93.86	12.50	-6.36
1971	7.10	8.62	3.45	1.91	40.78	32.28	26.94
1972	3.80	-2.24	0.66	4.12	-19.79	11.48	108.31
1973	7.80	13.16	2.23	1.90	56.67	18.95	24.38
1974	2.30	3.32	1.96	-0.11	48.44	56.49	-4.93
1975	8.70	14.50	2.14	2.41	55.98	16.32	27.70
1976	-1.60	-8.84	1.74	0.21	185.56	-72.44	-13.12
1977	7.60	11.89	1.40	2.68	52.51	12.22	35.27
1978	11.70	25.19	1.97	1.93	72.30	11.17	16.53
1979	7.60	3.16	2.17	5.10	13.96	18.98	67.06
1980	7.80	2.61	3.26	4.76	11.24	27.75	61.01
1981	5.10	-0.63	3.22	3.17	-4.12	41.94	62.18
1982	9.00	5.38	3.59	4.81	20.06	26.50	53.44
1983	10.80	10.64	2.52	5.55	33.08	15.49	51.43
1984	15.20	23.99	3.79	4.62	53.01	16.57	30.42
1985	13.40	28.64	3.48	1.47	71.77	17.24	10.99
1986	8.90	5.25	2.83	5.26	19.79	21.08	59.13

续表

年份	经济增长率	资本增长率	劳动力增长率	全要素生产率增长率	资本贡献率	劳动力贡献率	全要素生产率贡献率
1987	11.70	10.44	2.93	6.25	29.98	16.62	53.40
1988	11.20	16.34	2.94	3.76	49.00	17.43	33.57
1989	4.20	-1.11	1.83	3.36	-8.89	28.96	79.93
1990	3.90	-4.77	17.03	-5.81	-41.10	289.96	-148.86
1991	9.30	13.41	1.15	4.04	48.43	8.18	43.39
1992	14.20	26.88	1.01	4.50	63.56	4.72	31.72
1993	13.90	26.34	0.99	4.40	63.64	4.74	31.62
1994	13.00	4.85	0.97	10.73	12.53	4.95	82.52
1995	11.00	7.63	0.90	7.84	23.30	5.46	71.24
1996	9.90	6.18	1.30	6.96	20.98	8.72	70.30
1997	9.20	3.42	1.26	7.21	12.49	9.11	78.40
1998	7.80	5.90	1.17	5.04	25.38	9.96	64.66
1999	7.70	5.60	1.07	5.11	24.43	9.24	66.33
2000	8.50	6.83	0.97	5.56	26.98	7.56	65.46
2001	8.30	14.51	0.99	2.77	58.69	7.90	33.41
2002	9.10	10.93	0.66	4.99	40.32	4.84	54.84
2003	10.00	20.33	0.62	2.76	68.27	4.13	27.60
2004	10.10	16.34	0.72	4.14	54.32	4.71	40.97
2005	11.40	7.03	0.52	8.70	20.70	3.00	76.30
2006	12.70	11.67	0.44	8.49	30.85	2.32	66.83
2007	14.20	15.98	0.46	8.53	37.79	2.14	60.07
2008	9.70	14.94	0.32	4.47	51.72	2.21	46.07
2009	9.40	17.31	0.35	3.35	61.85	2.47	35.68
2010	10.60	14.29	0.37	5.56	45.27	2.29	52.44
2011	9.60	9.89	0.41	6.01	34.58	2.86	62.56
2012	7.90	6.04	0.37	5.62	25.69	3.12	71.19
2013	7.80	7.96	0.36	4.89	34.28	3.03	62.69
2014	7.30	6.22	0.36	4.97	28.60	3.26	68.14
2015	6.90	2.27	0.26	5.97	11.04	2.47	86.49
2016	6.70	5.26	0.20	4.80	26.34	1.95	71.71
2017	6.80	7.45	0.05	4.27	36.78	0.47	62.75

资料来源：根据国家统计局相关数据整理。

当代西方经济学界认为经济增长的直接原因与经济中的投入要素，如资本和劳动积累有关，还与能够影响这些生产要素生产率的变量，如经济中的技术水平，也称为全要素生产率有关。从长期来看，生产要素投入受到边际效益递减规律的制约，而全要素生产率却具有边际效益递增的特点，所以，从这个意义上说，全要素生产率的增长是经济可持续增长的唯一源泉。实际经济生活中，在较长时期内，若生产要素的增长对经济增长起主导作用，这种增长方式称为粗放型经济增长方式；若全要素生产率的增长对经济增长起主导作用，这种增长方式称为集约型经济增长方式。可见，经济要可持续增长，经济增长方式必须由粗放型增长方式向集约型增长方式转变。从表2-13测算结果分析，1953~2017年这65年间，全要素生产率的增长对经济增长贡献超过50%的共有30年，1978年以前只有3年，1978年以后有27年，其中持续时间在5年以上的时期是1979~1983年、1994~2000年、2010~2017年。2005年以来，我国经济增长开始进入以全要素生产率增长为主导阶段，2008~2009年因应对国际金融危机经济增长主要靠投资拉动。

第三章
中国能源消费现状分析

第一节　能源的概念及特性

一、能源的概念及分类

能源作为国民经济和社会发展的重要物质基础，与人口、环境构成当今世界三大焦点，其数量和质量的变化对经济、社会影响重大。能源本身也与人口、环境相互作用和影响。关于能源的定义，目前约有二十多种。例如，《科学技术百科全书》中的解释："能源是可从其获得热、光和动力之类能量的资源"；《大英百科全书》如是解释："能源是一个包括着所有燃料、水流、阳光和风的术语，人类用适当的转化手段便可让它为自己提供所需的能量"；《日本大百科全书》则将能源解释为："在各种生产活动中，我们利用热能、机械能、光能、电能等来做功，可利用来做这些能量源泉的自然界中的各种载体"；而我国的《能源百科全书》中介绍到："能源是可以直接或经转换提供人类所需的光、热、动力等任一形式能量的载能体资源"。由于科学技术的不断进步，人类对物质性质的认识及掌握能量转化的方法也在不断深化，因此，对能源并没有确切的定义，但是结合各种定义，能源可以描述为：是一种呈多种形式的，且可以相互转换的能量的源泉。确切而简单地说，所谓能源就是指自然界中能为人类提供某种形式能量的物质资源[①]。

人们通常按能源的形态特征或转换与应用的层次对其进行分类。世界能源委员会推荐的能源类型分为：固体燃料、液体燃料、气体燃料、水能、电能、太阳能、生物质能、风能、核能、海洋能和地热能。其中，前三个类型统称化石燃料或化石能源。已被人类认识的上述能源，在一定条件下可以转换为人们

---

① 彭士禄、李盈安：《寻找永恒的动力——著名科学家谈能源科学》，广西师范大学出版社1998年版。

所需的某种形式的能量。比如薪柴和煤炭，把它们加热到一定温度，它们能和空气中的氧气化合并放出大量的热能。我们可以用热来取暖、做饭或制冷；也可以用热来产生蒸汽，用蒸汽推动汽轮机，使热能变成机械能；也可以用汽轮机带动发电机，使机械能变成电能；如果把电送到工厂、企业、机关、农牧林区和住户，它又可以转换成机械能、光能或热能。

能源品种繁多，按其来源可以分为三大类：一是来自地球以外的太阳能，除太阳的辐射能之外，煤炭、石油、天然气、水能、风能等都间接来自太阳能；第二类来自地球本身，如地热能，原子核能（核燃料铀、钍等存在于自然界中）；第三类则是由月球、太阳等天体对地球的引力而产生的能量，如潮汐能。能源工作中常用的分类方法如图 3-1 所示。

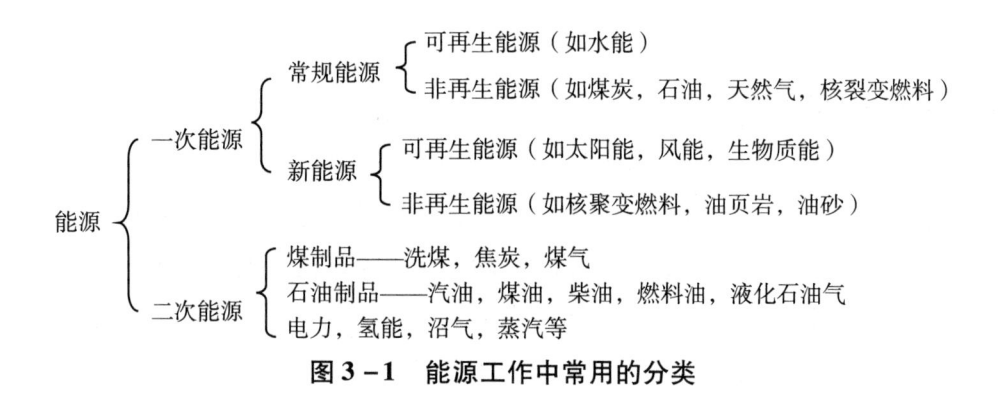

```
              ┌─常规能源┬─可再生能源（如水能）
              │        └─非再生能源（如煤炭，石油，天然气，核裂变燃料）
      ┌─一次能源┤
      │        ┌─新能源 ┬─可再生能源（如太阳能，风能，生物质能）
能源──┤        └        └─非再生能源（如核聚变燃料，油页岩，油砂）
      │        ┌─煤制品——洗煤，焦炭，煤气
      └─二次能源┤ 石油制品——汽油，煤油，柴油，燃料油，液化石油气
               └ 电力，氢能，沼气，蒸汽等
```

图 3-1　能源工作中常用的分类

一次能源指在自然界现成存在，可以直接取得且不必改变其基本形态的能源，如煤炭、天然气、地热、水能等。由一次能源经过加工或转换成另一种形态的能源产品，如电力、焦炭、煤气、汽油、柴油等属于二次能源。

常规能源也叫传统能源，就是指已经大规模生产和广泛利用的能源。

上面所提到的几种能源中如煤炭、石油、天然气、核能等都属一次非再生的常规能源，而水电则属于可再生能源，如葛洲坝水电站和三峡水电站，只要长江水不干涸，发电也就不会停止。煤、石油、天然气则不然，它们在地壳中是经千百万年形成的（按现在的采用速度，石油可用几十年，煤炭可用几百年），这些能源短期内不可能再生，因而人们对此有危机感是很自然的。

新能源指以新技术为基础，系统开发利用的能源，其中最引人注目的是太阳能的利用。植物的光合作用是自然界"利用"太阳能极为成功的范例。它不仅为大地带来了郁郁葱葱的森林和养育万物的粮食、蔬菜和瓜果，地球蕴藏的煤、石油、天然气的起源也与此有关。寻找有效的光合作用的模拟体系，利用太阳能使水分解为氢气和氧气以及直接将太阳能转变为电能等都是当今科学技术的重要课题，一直受到各国政府和工业界的支持与鼓励。

以上是从能源使用的角度进行的分类，若从物质运动的形式看，不同的运动形式，各有与其相对应的能量，如机械能（包括动能和势能）、热能、电能、光能等。

二、能源的特性[①]

（一）使用的广泛性

人类的进化与发展有赖于能源的发现和利用。现代人的衣、食、住、行更是须臾不能离开能源。无论是刀耕火种的农牧社会以及在蒸汽机的基础上发展起来的大工业社会，还是当今的电子、信息社会，也无论是社会生产领域还是人类生活消费领域，都离不开能源。特别是现代社会，能源的使用和消费，已经广泛地渗透到社会物质生产的各个部门、行业，社会精神生活的各个领域以及个人消费活动的各个方面。能源消费已成为现代社会中最广泛的物质消费之一。

（二）消费的不可替代性

尽管科学技术在不断提高，人类认识世界的能力在不断发展，新技术、新产品如雨后春笋般不断涌现，但到目前为止人类还没有找到一种能完全替代能源的技术和产品，而且在可以预期的未来也难以找到。这种不可替代性是由能源本身的特性和人类生存与能源之间不可分割的联系所决定的。当然，从局部的、静止的角度来看能源的消费存在着一定的可替代性，如可以采取投入资金、改进工效、提高技术水平等措施降低能源使用量，也即通常所说的"用资金代替能源"。但这只是一种能源消费量的增减变化，它同能源消费的质的替代关系

[①] 徐新桥：《电能结构优化——以湖北为例研究》，上海三联书店2007年版。

是迥然不同的。从总体上看，能源消费在质上的不可替代性是不会改变的。

(三) 消费对象的更迭性

能源在社会发展中是种不可替代的物质资料，但人类消费能源的种类却是不断变换、更迭和进化的。人类社会生产力的每一次大的发展，都不仅以新的较优质能源的发现和利用为条件，而且促进了这种新的优质能源的广泛使用，使其成为新的生产力发展阶段上能源消费的主流，从而构成能源消费种类的更迭和进步。因此，能源消费的更迭性是社会生产力发展过程中的一种必然现象。

能源资源是一种自然资源，能源的消费同能源的生产一样，是受自然条件约束的。人类消费能源的数量和质量也受资源赋存条件的制约，各地区、各国家的能源消费品种结构更要受当地资源条件的局限，甚至能源消费观及消费方式也要受资源储量和资源的可开采利用程度等自然因素的影响。

(四) 非经济因素的干预性

由于能源在社会经济中地位的特殊性，加之能源受地理环境、地域等严重制约，因此，能源的消费除受生产、供给、价格、需求、资金等经济因素的影响之外，还要受国际政治、军事等非经济因素的干预。

第二节 我国能源消费结构及变化趋势

一、我国能源资源的特点

(一) 能源资源总量比较丰富，但结构不均衡，资源特点是"富煤、贫油、少气"

中国拥有较为丰富的化石能源资源，其中，煤炭占主导地位。截止到2017

年底，我国煤炭查明资源储量为 16 666.73 亿吨，增长 4.3%，2017 年煤炭新增查明资源储量为 815.56 亿吨，剩余可采储量约占世界的 13%，列世界第三位。①已探明的石油、天然气资源储量相对不足，油页岩、煤层气等非常规化石能源储量潜力较大。中国拥有较为丰富的可再生能源资源。水力资源理论蕴藏量折合年发电量为 6.19 万亿千瓦时，经济可开发年发电量约 1.76 万亿千瓦时，相当于世界水力资源量的 12%，列世界首位。②

（二）人均能源资源拥有量较低

中国人口众多，人均能源资源拥有量在世界上处于较低水平。煤炭和水力资源人均拥有量相当于世界平均水平的 50%，石油、天然气人均资源拥有量仅为世界平均水平的 1/15 左右。耕地资源不足世界人均水平的 30%，制约了生物质能源的开发。

（三）能源资源赋存分布不均衡

中国能源资源分布广泛但不均衡。煤炭资源主要赋存在华北、西北地区，水力资源主要分布在西南地区，石油、天然气资源主要赋存在东、中、西部地区和海域。中国主要的能源消费地区集中在东南沿海经济发达地区，资源赋存与能源消费地域存在明显差别。大规模、长距离的北煤南运、北油南运、西气东输、西电东送，是中国能源流向的显著特征和能源运输的基本格局。

（四）能源资源开发难度较大

与世界相比，中国煤炭资源地质开采条件较差，大部分储量需要井下开采，极少量可供露天开采。石油天然气资源地质条件复杂，埋藏深，勘探开发技术要求较高。未开发的水力资源多集中在西南部的高山深谷，远离负荷中心，开发难度和成本较大。非常规能源资源勘探程度低，经济性较差，缺乏竞争力。

---

① 中华人民共和国自然资源部编：《中国矿产资源报告 2018》，地质出版社 2019 年版。
② 中华人民共和国国务院新闻办公室.《中国的能源状况与政策》白皮书（2007.12），http：//www.china.com.cn/policy/nengyuan/node_7039582.htm.

二、能源生产与消费变化趋势

新中国成立以来,我国的能源工业得到了快速的发展,能源生产总量从1953年的4 871万吨标准煤上升到2018年的377 000万吨标准煤,年均增长率为6.92%。其间,由于石油开采的突破性进展,使得能源生产总量从1957年的9 861万吨标准煤迅速上升至1958年19 845万吨标准煤,增长率高达101.25%,并于1960年到达第一次高峰。而后,能源年产量从1960年的29 637万吨标准煤回落至1963年的17 009万吨标准煤。经过一番调整,能源产业进入一个持续稳步增长的过程。能源产量年均增长率从"三五"(第三个五年计划)到"八五"时期分别为11.84%,9.60%,5.63%,6.14%,3.98%,4.46%。1989年产量首次突破10亿万吨标准煤大关,达到101 639万吨标准煤。1996年能源产量为132 616万吨标准煤,成为历史上的第二次峰值。随着1996年中国经济的"软着陆",能源消耗对生产的压力暂时减小,能源产业趁此机会进行了调整,对生产企业进行资产重组和设备更新,从以往粗放的单纯追求产量为目标的发展方式逐步向更合理的产业发展模式转变。特别是对煤炭生产企业,关闭了许多污染大、成本高、乱采滥挖的小煤矿,同时对大中型煤矿企业进行整合并加以扶持。经过这一轮调整,能源企业的产业结构、管理水平和技术含量得到改善,能源企业的生产力得到了较大的提高,2002年的产量超过1996年,达到了138 369万吨标准煤,2018年能源总产量达377 000万吨标准煤。[①]

能源消费总量的增长总的来说与生产的增长趋于一致,但是由于经济快速发展对能源的需求,能源消费的增长较能源生产具有超前性。消费总量从1953年的5 411万吨标准煤上升到2018年的464 000万吨标准煤,年均增长率为7.09%。1953~1991年期间,大多数年份国内的能源生产量能够满足消费的需求,但从1992年开始,这种情况就不复存在,当年生产量与消费量的差额为1 914万吨标准煤,到2000年这种差额达到9 575万吨标准煤,由于后来生产的迅速回升,2001年供求缺口缩小为5 754万吨标准煤。但随着2002年以来经济

---

① 根据历年《中国统计年鉴》计算整理。

的逐渐回升，能源消费量也快速上涨，2018 年能源消费量为 464 000 万吨标准煤，年均增长率达 7.09%，能源消费总量已经位居世界第二位，约占世界能源消费总量的 15%。与此同时，由于能源资源的有限性，不可能迅速增长以弥补消费的增长，所以未来经济增长将会对能源产业造成较大压力。我国 1953～2018 年能源生产量及消费量见表 3–1。①

表 3–1　　　　　1953～2018 年中国能源生产量及消费量

年份	能源生产总量（万吨标准煤）	能源消费总量（万吨标准煤）	年份	能源生产总量（万吨标准煤）	能源消费总量（万吨标准煤）
1953	5 192	5 411	1977	56 396	52 354
1954	6 262	6 234	1978	62 770	57 144
1955	7 295	6 968	1979	64 562	58 588
1956	8 242	8 800	1980	63 735	60 275
1957	9 861	9 644	1981	63 227	59 447
1958	19 845	17 599	1982	66 778	62 067
1959	27 161	23 926	1983	71 270	66 040
1960	29 637	30 188	1984	77 855	70 904
1961	21 224	20 390	1985	85 546	76 682
1962	17 185	16 540	1986	88 124	80 850
1963	17 009	15 567	1987	91 266	86 632
1964	17 232	16 637	1988	95 801	92 997
1965	18 824	18 901	1989	101 639	96 934
1966	20 833	20 269	1990	103 922	98 703
1967	17 494	18 328	1991	104 844	103 783
1968	18 715	18 405	1992	107 256	109 170
1969	23 104	22 730	1993	111 059	115 993
1970	30 990	29 291	1994	118 729	122 737
1971	35 289	34 496	1995	129 034	131 176
1972	37 785	37 237	1996	133 032	135 192
1973	40 013	39 109	1997	133 460	135 909
1974	41 626	40 144	1998	129 834	136 184
1975	48 754	45 425	1999	131 935	140 569
1976	50 340	47 831	2000	138 570	146 964

---

① 根据历年《中国统计年鉴》计算整理。

续表

年份	能源生产总量 （万吨标准煤）	能源消费总量 （万吨标准煤）	年份	能源生产总量 （万吨标准煤）	能源消费总量 （万吨标准煤）
2001	147 425	155 547	2010	312 125	360 648
2002	156 277	169 577	2011	340 178	387 043
2003	178 299	197 083	2012	351 041	402 138
2004	206 108	230 281	2013	358 784	416 913
2005	229 037	261 369	2014	361 866	425 806
2006	244 763	286 467	2015	361 476	429 905
2007	264 173	311 442	2016	346 037	435 819
2008	277 419	320 611	2017	358 500	448 529.1
2009	286 092	336 126	2018	377 000	464 000

资料来源：根据国家统计局相关数据整理。

三、能源消费结构变化趋势

（一）一次能源消费以煤为主，但煤炭消费比例逐年下降

全球能源结构的变化是通过煤炭、石油、天然气和核能以波浪的形式替代前进的，目前世界能源消费结构中，比例最大的是石油，但近年呈逐步下降的趋势。我国的煤炭储量居世界首位，是世界上少数几个以煤炭为主的国家。对于能源消费量绝大多数靠国内生产来满足的国家，消费结构最大的影响因素即为生产结构。2018年我国能源生产总量为377 000万吨标准煤，其中，原煤为261 289.7万吨标准煤，占69.31%，原油为27 046.54万吨标准煤，占7.17%，天然气为20 730.63万吨标准煤，占5.50%，水电、核电、风电为67 933.13万吨标准煤，占18.02%。2018年我国能源消费总量为464 000万吨标准煤，其中，煤炭为273 760万吨标准煤，占59%，石油为87 696万吨标准煤，占18.9%，天然气为36 192万吨标准煤，占7.8%，水电、核电、风电为66 352万吨标准煤，占14.3%，煤炭占据了绝对的地位。我国2018年能源消费结构见图3-2。1953~2018年我国各种能源消费构成情况见表3-2，在这期间，能源消费结构中煤炭所占比例最低的一年为2018年，占59%，仍然超过了半数。

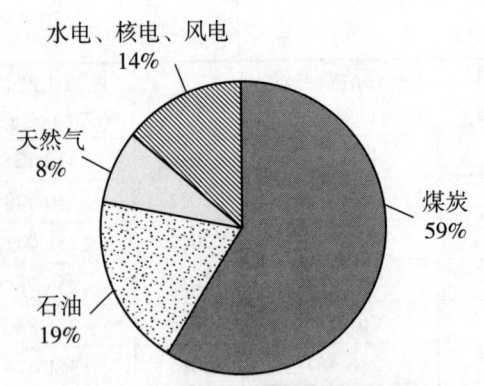

图 3-2 2018 年能源消费结构

（饼图数据：煤炭 59%，石油 19%，天然气 8%，水电、核电、风电 14%）

表 3-2 1953~2018 年我国各种能源消费构成情况

年份	能源消费总量（万吨标准煤）	构成（能源消费总量=100）			
		煤炭	石油	天然气	水电、核电、风电
1953	5 411	94.33	3.81	0.02	1.84
1954	6 234	93.45	4.33	0.02	2.20
1955	6 968	92.94	4.91	0.03	2.12
1956	8 800	92.73	4.83	0.03	2.41
1957	9 644	92.32	4.59	0.08	3.01
1958	17 599	94.62	3.92	0.06	1.40
1959	23 926	94.68	4.05	0.14	1.13
1960	30 188	93.90	4.11	0.45	1.54
1961	20 390	91.31	5.47	0.94	2.28
1962	16 540	89.23	6.61	0.93	3.23
1963	15 567	88.93	7.20	0.81	3.06
1964	16 637	87.97	8.04	0.73	3.26
1965	18 901	86.45	10.27	0.63	2.65
1966	20 269	86.24	10.17	0.67	2.92
1967	18 328	84.77	10.89	0.84	3.50
1968	18 405	83.79	12.09	0.76	3.36
1969	22 730	81.93	13.76	0.82	3.49
1970	29 291	80.89	14.67	0.92	3.52
1971	34 496	79.19	16.00	1.44	3.37

续表

年份	能源消费总量（万吨标准煤）	构成（能源消费总量=100）			
		煤炭	石油	天然气	水电、核电、风电
1972	37 237	77.51	17.17	1.73	3.59
1973	39 109	74.84	18.58	2.03	4.55
1974	40 144	72.14	20.72	2.49	4.65
1975	45 425	71.85	21.07	2.51	4.57
1976	47 831	69.91	23.00	2.81	4.28
1977	52 354	70.25	22.61	3.08	4.06
1978	57 144	70.70	22.70	3.20	3.40
1979	58 588	71.31	21.79	3.30	3.60
1980	60 275	72.20	20.70	3.10	4.00
1981	59 447	72.74	19.92	2.85	4.49
1982	61 937	73.92	18.67	2.56	4.85
1983	65 648	73.71	18.56	2.47	5.26
1984	70 732	75.12	17.66	2.34	4.88
1985	76 682	75.80	17.10	2.20	4.90
1986	80 850	75.80	17.20	2.30	4.70
1987	86 632	76.20	17.00	2.10	4.70
1988	92 997	76.20	17.00	2.10	4.70
1989	96 934	76.00	17.10	2.00	4.90
1990	98 703	76.20	16.60	2.10	5.10
1991	103 783	76.10	17.10	2.00	4.80
1992	109 170	75.70	17.50	1.90	4.90
1993	115 993	74.70	18.20	1.90	5.20
1994	122 737	75.00	17.40	1.90	5.70
1995	131 176	74.60	17.50	1.80	6.10
1996	135 192	73.50	18.70	1.80	6.00
1997	135 909	71.40	20.40	1.80	6.40
1998	136 184	70.90	20.80	1.80	6.50
1999	140 569	70.60	21.50	2.00	5.90
2000	146 964	68.50	22.00	2.20	7.30
2001	155 547	68.00	21.20	2.40	8.40

续表

年份	能源消费总量（万吨标准煤）	构成（能源消费总量=100）			
		煤炭	石油	天然气	水电、核电、风电
2002	169 577	68.50	21.00	2.30	8.20
2003	197 083	70.20	20.10	2.30	7.40
2004	230 281	70.20	19.90	2.30	7.60
2005	261 369	72.40	17.80	2.40	7.40
2006	286 467	72.40	17.50	2.70	7.40
2007	311 442	72.50	17.00	3.00	7.50
2008	320 611	71.50	16.70	3.40	8.40
2009	336 126	71.60	16.40	3.50	8.50
2010	360 648	69.20	17.40	4.00	9.40
2011	387 043	70.20	16.80	4.60	8.40
2012	402 138	68.50	17.00	4.80	9.70
2013	416 913	67.40	17.10	5.30	10.20
2014	425 806	65.60	17.40	5.70	11.30
2015	429 905	63.70	18.30	5.90	12.10
2016	435 819	62.00	18.50	6.20	13.30
2017	449 000	60.40	18.80	7.00	13.80
2018	464 000	59.00	18.90	7.80	14.30

资料来源：根据国家统计局相关数据整理。

虽然煤炭始终是我国能源消费的主力军，但是其在总消费中所占比例呈缓慢下降的趋势。从表 3-2 可以看出，1953~1961 年间，煤炭所占的比例高达 91% 以上，可以说几乎所有的一次能源都来自煤炭。而后，随着经济发展和工业建设不断深化，煤炭比例逐年下降，1971~2009 年下降到 70%~80% 之间，2010~2017 年下降到 60%~70% 之间，2018 年下降到 59%。与此同时，石油和水电、核电、风电的比例大幅度上升，1953 年二者占能源消费总量的比重分别为 3.81% 和 1.84%，到了 2018 年分别上升至 18.9% 和 14.3%。从 2003 年起，由于世界原油供应紧张等因素的影响，能源消费中原油所占比例略有下降，煤炭所占比例略有回升。2011 年以来，在科学发展观及新发展理念的指引下，绿色发展、生态保护已深入人心，煤炭消费量逐年下降，天然气、水电、风电等清洁能源占比逐年提高。

（二）煤炭用于发电的比例基本稳定，但与国际水平相比仍然较高

电力是重要的二次能源。在当今世界，电力工业的发展程度已成为衡量一个国家社会经济发达程度的重要指标。我国2000年终端能源消费结构为：石油占比26%、天然气占比2%、电力占比42%、煤炭占比30%，其中电力消费居首位，且电力和煤炭所占比例超过了70%。在单机容量6 000千瓦及以上发电装机容量中，燃煤电厂的比重在1949年为52.2%，之后逐步上升，1980年达到65.4%，1985年比重为75.9%，除1990年高达78.3%左右以外，其他年份都在75%左右。在一次能源与电力的转换中，煤炭是电力的主要来源。

而对于煤炭来说，电力不仅是其最大的用户，也是清洁高效利用煤炭的有效途径之一。自20世纪90年代以来，我国发电用煤的增长率一直远远高于煤炭消费的年增长率，发电用煤占煤炭总消费量的比重也从1990年的25.78%上升到2011年的51.19%，然后逐年回落，2000~2015年我国发电用煤占煤炭消费总量的比重见图3-3。为应对气候变化，落实节能减排目标，部分发达国家拟降低燃煤发电所占比重，如英国能源与气候变化大臣安布尔·拉德（Amber Rudd，2015）宣布，十年内英国将停止燃煤发电，同时创建燃气电厂以保证电力供应。根据国际能源署（IEA）发布的报告，2017年经合组织（OECD）的发电量为10 463.9TWh（104 639亿千瓦时），其中煤电所占比例最大，占26.9%；其次是天然气发电，占26.4%；其他电源为核电（17.6%）、水电（13.8%）、风电（6.6%）、太阳能（2.6%）、生物质（2.4%）、燃油（2.0%）、地热（0.4%）、其他（1.1%）。整体而言，化石能源发电（煤炭、天然气、燃油）占比55.3%，可再生能源（水电、风电、太阳能、生物质、地热）占比25.9%，核电及其他占18.8%。

由于我国传统能源产能结构性过剩问题突出，尤其是煤炭产能过剩，供求关系失衡，因此"十三五"期间，我国把控制能源消费总量作为重要任务，其中煤炭作为控制总量的重点，在京津冀鲁、长三角和珠三角等区域继续实施减煤量替代，其他重点区域继续实施等煤量替代，同时继续推进钢铁、建材、化工等高耗煤行业节能减排，到2020年煤炭占一次能源消费比重将降到58%以下。

图 3-3　2000~2015 年我国发电用煤占煤炭消费总量的比重

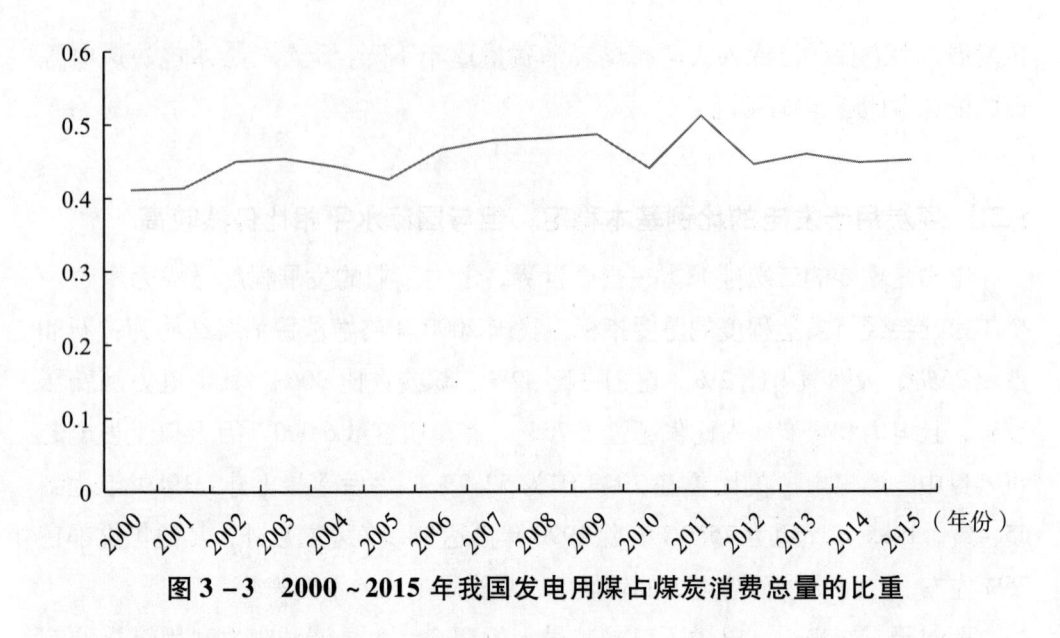

(三) 优质能源比重上升，石油安全问题不容忽视

优质能源是指热值高、使用效率高、有害成分少，使用方便的能源，也指对环境污染小或无污染的能源，如电力、天然气、成品油、可再生能源和新能源等。从某种意义上讲，人类社会的发展离不开优质能源的出现和先进能源技术的使用。从表 3-2 可以看出，1953~2018 年我国天然气及水电、核电、风电等优质能源在总能源中占比逐年提高。自 20 世纪 90 年代以来，我国石油消费量以 7.19% 的年均增长率和 1462 万吨的年均增长量的速度发展，而石油生产量的年均增长率和年均增长量分别仅为 1.83% 和 290 万吨。石油消费年均增长速度要比石油生产年均增长速度高出 5.36 个百分点，年均石油消费增加量与石油生产增加量的差额高达 1172 万吨。2016 年，我国石油消费量达到 56403 万吨，石油生产量达到 19969 万吨，石油消费量创造了历史新高，石油生产量低于 2015 年生产量，石油消费量与生产量之间的差额高达 36434 万吨。根据 2000~2016 年我国石油生产量和消费量数据，绘制对比条形图见图 3-4，从图 3-4 可以看出，我国石油产量比较稳定，但需求量逐年增加，生产量与需求量之间矛盾越来越大，解决石油生产与需求缺口的主要途径是依靠进口。我国石油净进口量 2000 年为 7576 万吨，2016 年为 38120 万吨，2016 年石油净进口量约占石油消费总量的 67.6%，即石油对外依存度达到 67.6%。石油消费量的大幅度增长和石油生产量的低幅度增加，是造成我国国内石油供

应短缺、石油净进口量大幅度增加的根本原因，国际石油市场供求关系的变化、油价以及汇率波动都将对我国石油稳定供应以及社会经济发展产生越来越大的影响。在新能源技术还没有取得重大突破的情况下，我们必须高度重视石油安全问题，从多方面采取切实有效的措施保障石油供应。对外，主要是协调好与石油主产国的贸易关系，保障好油轮、运输管道的安全；对内，主要是完善石油及相关产品的定价机制，提高资源配置效率，规划建设好石油战略储备体系。①

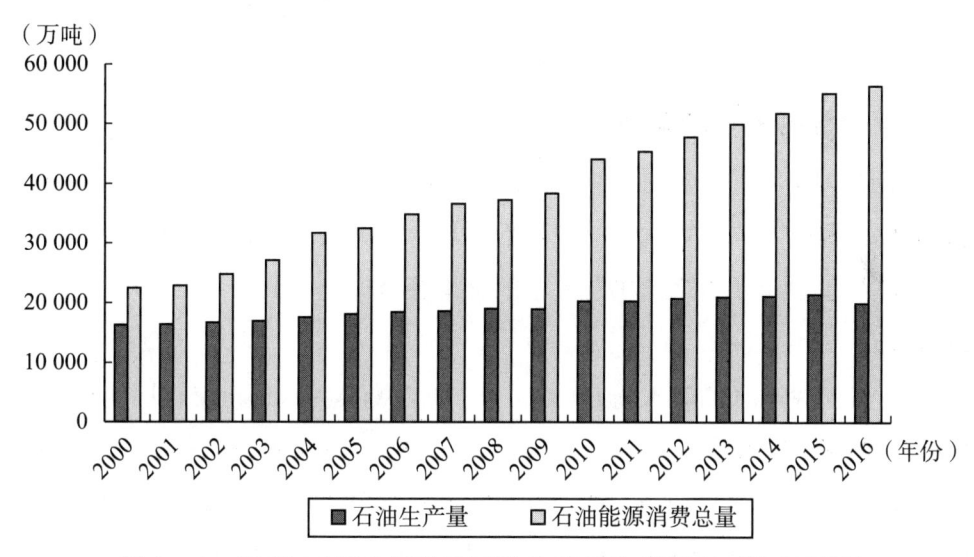

图3-4 2000~2016年我国石油生产量和消费量对比条形图

第三节 能源消费行业特征的统计分析

能源消费的特征，可以从两个方面反映，一是不同行业能源消费的特征；二是不同时间能源消费的特征。分析各行业能源消费特征所采用的数据是截面数据；分析不同时间能源消费特征所采用的数据是时间序列数据。而面板数据

---

① 根据历年《中国统计年鉴》计算整理。

(panel data) 模型,正是分析将截面数据和时间序列数据结合而成的面板数据的变化规律和变量之间相互关系的最合适的模型。本书将面板数据模型引入到能源消费特征的分析中,通过建立能源消费的面板数据模型,分析部分行业在各类能源消费上的差异特征以及行业整体对各类能源消费量随时间变化的特征。

一、面板数据模型的类型、参数估计和选择

(一) 面板数据模型的类型

面板数据又称平行数据、综列数据,是把时间序列沿空间方向扩展,或把截面数据沿时间方向扩展构成的二维数据集合。面板数据模型是建立在面板数据之上,用于分析变量之间相互关系的计量经济模型。面板数据模型的解析表达式为:

$$y_{it} = \alpha_{it} + x_{it}\beta_{it} + \mu_{it}, \quad i = 1, 2, \cdots, N; \quad t = 1, 2, \cdots, T \quad (3.1)$$

其中:y_{it}为被解释变量;$x_{it} = (x_{1it}, x_{2it}, \cdots, x_{kit})$为$1 \times k$维变量向量;$\beta_{it} = (\beta_{1it}, \beta_{2it}, \cdots, \beta_{kit})'$为$k \times 1$维参数向量;$k$是外生变量个数;$i$表示不同的个体;$t$表示不同的时间;$\mu_{it}$为随机扰动项,满足经典计量经济模型的基本假设。根据模型中参数的假设不同,面板数据模型分为不同的类型。

1. 固定系数模型

模型的截距和斜率在不同个体上都相同,模型的解析表达式为:

$$y_{it} = \alpha + x_{it}\beta + \mu_{it} \quad (3.2)$$

模型的原假设为 $H_{01}: \alpha_i = \alpha_j; \beta_i = \beta_j; i, j = 1, 2, \cdots, N$

2. 变截距模型

模型的斜率是常数,截距项随个体的不同而改变,模型的解析表达式为:

$$y_{it} = \alpha_i + x_{it}\beta + \mu_{it} \quad (3.3)$$

模型的原假设为 $H_{02}: \alpha_i \neq \alpha_j; \beta_i = \beta_j; i \neq j; i, j = 1, 2, \cdots, N$

3. 变斜率模型

模型的截距是常数,斜率随个体的不同而改变,解析表达式为:

$$y_{it} = \alpha + x_{it}\beta_i + \mu_{it} \quad (3.4)$$

模型的原假设为 $H_{03}: \alpha_i = \alpha_j$; $\beta_i \neq \beta_j$; $i \neq j$; $i, j = 1, 2, \cdots, N$

4. 变系数模型

模型中的截距项和斜率随个体的不同而改变，解析表达式为：

$$y_{it} = \alpha_i + x_{it}\beta_i + \mu_{it} \quad (3.5)$$

（二）面板数据模型参数的估计

1. 模型（3.2）参数的最小二乘估计为

$$\hat{\beta} = T_{xx}^{-1}T_{xy}, \quad \hat{\alpha} = \bar{y} - \bar{x}\hat{\beta}$$

其中，$T_{xx} = \sum_{i=1}^{N}\sum_{t=1}^{T}(x_{it} - \bar{x})'(x_{it} - \bar{x})$, $T_{xy} = \sum_{i=1}^{N}\sum_{t=1}^{T}(x_{it} - \bar{x})'(y_{it} - \bar{y})$

$T_{yy} = \sum_{i=1}^{N}\sum_{t=1}^{T}(y_{it} - \bar{y})^2$, $\bar{x} = \frac{1}{NT}\sum_{i=1}^{N}\sum_{t=1}^{T}x_{it}$, $\bar{y} = \frac{1}{NT}\sum_{i=1}^{N}\sum_{t=1}^{T}y_{it}$

模型估计的残差平方和为：

$$S_1 = T_{yy} - T'_{xy}T_{xx}^{-1}T_{xy} \quad (3.6)$$

2. 模型（3.3）参数的最小二乘估计为

$$\hat{\beta} = W_{xx}^{-1}W_{xy}, \quad \hat{\alpha}_i = \bar{y}_i - \bar{x}_i\hat{\beta} \quad (3.7)$$

其中，$W_{xx} = \sum_{i=1}^{N}W_{xx,i}$, $W_{xy} = \sum_{i=1}^{N}W_{xy,i}$, $W_{yy} = \sum_{i=1}^{N}W_{yy,i}$

$W_{xx,i} = \sum_{t=1}^{T}(x_{it} - \bar{x}_i)'(x_{it} - \bar{x}_i)$, $W_{xy,i} = \sum_{t=1}^{T}(x_{it} - \bar{x}_i)'(y_{it} - \bar{y}_i)$

$T_{yy} = \sum_{t=1}^{T}(y_{it} - \bar{y}_i)^2$, $\bar{x}_i = \frac{1}{T}\sum_{t=1}^{T}x_{it}$, $\bar{y} = \frac{1}{T}\sum_{t=1}^{T}y_{it}$

模型估计的残差平方和为：

$$S_2 = W_{yy} - W'_{xy}W_{xx}^{-1}W_{xy} \quad (3.8)$$

3. 模型（3.4）参数的最小二乘估计为

$$\hat{\beta}_i = W_{xx,i}^{-1}W_{xy,i}, \quad \hat{\alpha} = \bar{y} - \frac{1}{NT}\sum_{i=1}^{N}\sum_{t=1}^{T}x_{it}\hat{\beta}_i \quad (3.9)$$

模型估计的残差平方和为：

$$S_3 = \sum_{i=1}^{N}\sum_{t=1}^{T}(y_{it} - \hat{\alpha} - x_{it}\hat{\beta}_i)^2 \quad (3.10)$$

4. 模型（3.5）参数的最小二乘估计为

$$\hat{\beta}_i = W_{xx,i}^{-1} W_{xy,i}, \quad \hat{\alpha}_i = \bar{y}_i - \bar{x}_i \hat{\beta}_i \qquad (3.11)$$

模型的残差平方和为：

$$S_4 = \sum_{i=1}^{N} (W_{yy,i} - W'_{xy,i} W_{xx,i}^{-1} W_{xy,i}) \qquad (3.12)$$

（三）模型的选择

在原假设 H_{01} 成立的情况下，

$$F_1 = \frac{(S_1 - S_4)/[(N-1)(k+1)]}{S_4/[N(T-k-1)]} \sim F[(N-1)(k+1), N(T-k-1)] \qquad (3.13)$$

在原假设 H_{02} 成立的情况下，

$$F_2 = \frac{(S_2 - S_4)/[(N-1)k]}{S_4/[N(T-k-1)]} \sim F[(N-1)k, N(T-k-1)] \qquad (3.14)$$

在原假设 H_{03} 成立的情况下，

$$F_3 = \frac{(S_3 - S_4)/(N-1)}{S_4/[N(T-k-1)]} \sim F[(N-1), N(T-k-1)] \qquad (3.15)$$

在实证分析时，变斜率模型的实际意义不大，在建立模型时一般不考虑这种模型。给定显著性水平 α，查 F 分布表得到用于检验的临界值 $F_\alpha[(N-1)(k+1), N(T-k-1)]$ 和 $F_\alpha[(N-1)k, N(T-k-1)]$。首先对假设 H_{01} 进行检验，若 $F_1 < F_\alpha[(N-1)(k+1), N(T-k-1)]$，则不拒绝原假设 H_{01}，模型为固定系数模型；若 $F_1 > F_\alpha[(N-1)(k+1), N(T-k-1)]$，则需进一步对假设 H_{02} 进行检验。若 $F_2 < F_\alpha[(N-1)k, N(T-k-1)]$，则不拒绝 H_{02}，模型为变斜率模型；若 $F_2 > F_\alpha[(N-1)k, N(T-k-1)]$，模型为变系数模型。

二、我国各行业能源消费特征分析

（一）分析对象的选择

本书将面板数据模型应用到我国各行业能源消费特征的分析中。对某一行业而言，能源的消费倾向可以在短时间内保持相对的稳定性，具有时间的一致性，因此设定式（2.5）为模型的基本形式。模型中的个体单位分别选择了6个行业，即农、林、牧、渔业（以下简称农业），工业，建筑业，交通运输、仓储及邮电通讯业（以下简称交通业），批发和零售贸易餐饮业（以下简称批发业），其他行业（除上述5个行业及生活消费外的剩余行业），时间范围选定为2008～2014年。设 x_{it} 表示第 i 个行业在第 t 年的产值（亿元），$y_{1it} - y_{9it}$ 分别表示第 i 个行业在第 t 年的能源消费总量（万吨标准煤），以及煤炭消费量（万吨）、原油消费量（万吨）、汽油消费量（万吨）、煤油消费量（万吨）、柴油消费量（万吨）、燃油消费量（万吨）、天然气消费量（亿立方米）、电力消费量（亿千瓦小时）。

（二）面板单位根检验

由于面板数据中含有时间序列成分，而经济时间序列数据大多是非平稳的，为了避免伪回归，下面对各变量进行单位根检验，以序列 X 为例，结果见表3-3。

表3-3　　　　　　　　面板序列 X 单位根检验结果

检验方法	方程形式	统计量	P 值	截面个数	样本量	结论
H_0：面板序列 X 具有同质单位根						
LLC 检验	含截距和趋势项	-0.1030	0.4590	6	42	非平稳
Breitung 检验	含截距和趋势项	3.8992	1.0000	6	36	非平稳
H_0：面板序列 X 具有异质单位根						
IPS 检验	含截距和趋势项	0.5827	0.7200	6	42	非平稳
ADF 检验	含截距和趋势项	10.7594	0.5496	6	42	非平稳
PP 检验	含截距和趋势项	0.2049	1.0000	6	42	非平稳

由表3-3可知，在5%的显著性水平下，面板序列 X 为非平稳序列，下面继续对其一阶差分序列进行检验，判断其是否为一阶单整序列，检验结果见表3-4。

表3-4　　面板序列 X 的一阶差分序列 D(X) 的单位根检验结果

检验方法	方程形式	统计量	P值	截面个数	样本量	结论
H_0：面板序列 D(X) 具有同质单位根						
LLC 检验	含截距和趋势项	-3.7113	0.0001	6	42	平稳
Breitung 检验	含截距和趋势项	-1.0059	0.1322	6	36	非平稳
H_0：面板序列 D(X) 具有异质单位根						
IPS 检验	含截距和趋势项	-0.2833	0.3885	6	42	非平稳
ADF 检验	含截距和趋势项	18.7646	0.0449	6	42	平稳
PP 检验	含截距和趋势项	17.4362	0.1339	6	42	非平稳

由表3-4可知，在5%的显著性水平下，序列 X 的一阶差分序列 D(X) 是平稳序列，说明 X 为一阶单整序列，即 X~I(1)。同理，检验可知，能源消费量各序列也是 I(1) 序列。

(三) 面板协整检验

由于各序列都是 I(1) 的，因此，可以对各序列进行协整检验。下面采用 Pedroni 检验方法，检验能源消费总量 Y_1 与 X 之间是否具有协整关系，协整检验结果如表3-5所示。

表3-5　　Pedroni 协整检验结果

检验假设及方法	方程类别	统计量估计值	P值	加权统计量	P值	结论
H_0：序列 Y_1 与 X 之间不存在同质协整						
ADF 检验	含截距和趋势项	-0.0253	0.4899	-6.0289	0.0000	存在协整
PP 检验	含截距和趋势项	-0.7933	0.2138	-3.9766	0.0000	存在协整
H_0：序列 Y_1 与 X 之间不存在异质协整						
ADF 检验	含截距和趋势项	-5.3889	0.0000	—	—	存在协整
PP 检验	含截距和趋势项	-2.1276	0.0167	—	—	存在协整

表3-5结果表明，在1%的显著性水平下，序列 Y_1 与 X 之间存在协整关系。同理，检验表明其余各能源消费量序列与行业产出之间均存在协整关系。

(四) 模型选择

不同行业在各类能源消费上的特征是不同的,反映在模型中就是各类能源的面板数据模型的形式不同,因此,对各类能源要根据数据的特征建立不同类型的面板数据模型。本书按模型分析的要求,从 2009~2015 年的《中国统计年鉴》中收集了分析所需的数据,利用计量经济软件 EViews 对每类能源分别计算了变系数模型、变截距模型和混合模型的各种统计指标,计算的统计指标及模型选择所需的参数如表 3-6 所示。

由表 3-6 可知,在 5% 的显著性水平下,所有模型的 $F_1 > F_{0.05}(10, 30) = 2.16$,说明各模型不会是固定系数模型。所有模型的 $F_2 > F_{0.05}(5, 30) = 2.53$,说明这些模型也不会是变截距模型。综上可知,这些模型应为变系数模型,各模型的设定形式列于表 3-6 的最后一列中。

表 3-6　　　　　　　　三类模型参数的估计结果

能源	S_1	S_2	S_4	F_1	F_2	$F_{0.05}(10, 30)$	$F_{0.05}(5, 30)$	所属类型
总量	2.45×10^{10}	1.61×10^9	1.67×10^8	437.12	51.84	2.16	2.53	(2.5)
煤炭	4.25×10^{10}	3.52×10^9	2.70×10^8	469.22	72.22	N = 6	N = 6	(2.5)
原油	1.19×10^9	38 178 361	4 552 838	781.13	44.31	k = 1	k = 1	(2.5)
汽油	18 433 427	1 863 066	101 890.3	539.74	103.71	T = 7	T = 7	(2.5)
煤油	2 807 241	204 570.8	7 073.293	1 187.64	167.53			(2.5)
柴油	68 923 054	9 044 586	158 538	1 301.22	336.3			(2.5)
燃料油	29 291 828	463 319.4	290 596.5	299.4	3.57			(2.5)
天然气	122 994.1	8 909.456	1 661.608	219.06	26.17			(2.5)
电力	2.75×10^8	24 436 176	1 008 916	814.71	139.32			(2.5)

资料来源:根据国家统计局相关数据整理。

(五) 各行业能源消费特征分析

根据模型的设定形式,将变系数模型的计算结果列于表 3-7。

表3-7 变系数模型参数估计结果

能源	农业 α_i	农业 β_i	工业 α_i	工业 β_i	建筑 α_i	建筑 β_i	交通 α_i	交通 β_i	批发 α_i	批发 β_i	其他 α_i	其他 β_i
总量	2 535.04	0.24	24 491.6	1.71	-133.65	0.35	252.93	1.53	89.05	0.28	2 519.31	0.14
煤炭	253.75	0.09	21 398.26	2.3	494.91	0.009	1 566.94	-0.07	709.41	0.009	680.35	0.002
原油	—	—	11 744.84	0.23	—	—	201.75	-0.005	—	—	—	—
汽油	97.91	0.006	775.87	-0.004	48.27	0.012	-191.84	0.25	68.29	0.013	821.26	0.002
煤油	—	—	122.98	-0.0008	5.27	-0.0005	5.2	0.08	25.61	-0.001	243.75	-0.003
柴油	371.33	0.06	1 319.48	0.0086	5.55	0.0367	-1 114.43	0.57	-88.23	0.03	620.02	0.009
燃料油	—	—	3 057.64	0.0012	19.03	-0.0002	325.82	0.08	-5.92	0.002	22.64	-0.0002
天然气	—	—	36.71	0.004	-0.28	0.0002	-9.73	0.002	-6.58	0.001	-15.82	0.0006
电力	399.31	0.02	927.86	0.23	39.42	0.02	115.17	0.03	-103.39	0.05	-169.86	0.03

资料来源：根据国家统计局相关数据整理。

表3-7的结果表明，各行业在能源总量、煤炭、原油、煤油、汽油、柴油、燃料油、天然气、电力等能源的消费倾向（解释变量系数）上存在着差异，而且同一行业在不同种类能源的消费倾向上也存在着差异，具体分析如下。

1. 各行业能源消费总量方面的分析

在表3-7中，按边际消费倾向的大小，可以将上述行业分成两类：工业和交通运输、仓储及邮电通讯业为第一类，这个类别行业的能源边际消费倾向均大于1，说明在这两个行业中能源消费的增长速度大于其产值的增长速度，这两个行业与其他行业相比，要获得同等量的产出，必须比其他行业消耗更多的能源；农业、林业、牧业、渔业，建筑业，批发和零售贸易餐饮业，以及其他行业为第二类，这个类别能源边际消费倾向虽为正数，但小于1，表明这些行业能源消费的增长速度小于其产值的增长速度，如果这些经济增长比较稳定，能源消费的增长幅度将不会很大。

2. 各类能源的边际消费倾向方面的分析

从表3-7看，煤炭边际消费倾向最大的行业是工业，农业、建筑、批发、其他行业的煤炭边际消费倾向都很小，而交通业的煤炭边际消费倾向为负数，说明交通业对煤炭的消费在逐渐降低；原油边际消费倾向最大的行业也是工业，交通运输业的原油边际消费倾向为负数，说明交通运输业对原油的消费也在逐渐降低，农业、建筑、批发、其他行业基本不消耗原油；汽油边际消费倾向最大的行业是交通运输、仓储及邮电通讯业，而工业的汽油边际消费倾向为负数，说明汽油在工业方面的消费逐渐降低，除交通、工业外其余行业的汽油边际消费倾向都很小；煤油边际消费倾向最大的行业是交通业，工业、建筑、批发、其他行业的煤油边际消费倾向都是负数，说明这些行业对煤油的消费在逐渐减少；柴油边际消费倾向最大的行业是交通运输业，除交通运输业外，其他行业的柴油边际消费倾向都很低；燃料油边际消费倾向都较小，交通运输业燃料油边际消费倾向为 0.08，排在首位，建筑、其他行业燃料油边际消费倾向为负数；天然气的边际消费倾向都很小，这是由于我国现阶段天然气主要是民用，在生产领域消费很少的结果；电力边际消费倾向最大的是工业，说明工业产值的增加，对电力的需求较大，保障电力供应，对我国工业企业产值的增加能够起到较为重要的作用。

3. 各行业的能源边际消费倾向方面的分析

根据表 3-7，工业和农业能源边际消费倾向最大的都是煤炭，加大煤炭的生产和储备，对于保障这两个行业产值的增长以及这两个行业今后的发展都具有重要的作用；建筑和交通运输业能源边际消费倾向最大的是柴油，这两个行业产值的增长对柴油的需求比对其他能源的需求增加的更多；批发和其他行业能源边际消费倾向最大的是电力，这些行业产值的增长对电力的依赖程度较大。

根据上述检验及结果分析，可以得出以下结论：

（1）实证表明，在研究的样本期内，国民经济行业产出与能源消费量之间存在协整关系，从长期看，两者之间存在着一种稳定的均衡关系。

（2）农业边际能源消耗系数为负数，除交通运输业外，其余行业边际能源消耗系数均小于 1，煤炭等传统能源比例在逐年降低，天然气等清洁能源的比例在逐年升高，通过不断优化升级能源结构，呈现出单位 GDP 能耗逐年下降的良好发展态势。

（3）从总量上看，工业及交通运输业这两个行业的能源边际消耗系数较大，均在 0.75 以上，节能的重点领域在工业及交通运输业；从各类能源上看，工业应重点控制煤炭的消费，交通运输业重点控制柴油及汽油的消费。

为此，需进一步调整经济结构，大力发展能耗低的第三产业及新兴产业，转变经济发展方式，提高经济增长的科技含量，促进经济由高速增长向高质量增长的转变。同时，要积极推进新能源开发，调整能源结构，在交通运输领域推广新能源汽车的应用，加快清洁化、低碳化进程，提高能源利用效率。切实贯彻新发展理念，树立"绿水青山就是金山银山"的生态意识，加强生态文明建设，建设绿色发展新生态。

第四章
经济增长与能源消费关系的分析

第一节　能源与经济的关系

从经济学的角度分析能源与经济的关系，主要表现在两个方面：首先，经济发展对能源有依赖性，即经济发展离不开能源；其次，能源的发展也要以经济的发展为前提，经济发展可以促进能源的大规模开发和利用。

一、能源支撑经济的发展

能源是经济的命脉，人类社会对能源的需求，首先表现为经济发展对能源的需求。能源既是经济的一部分，又是经济运行的基础。能源供应保证了其他行业的需要，支持了 GDP 增长，比起自身对 GDP 的贡献更为显著。因为没有能源产业的发展，就不可能保障其他行业的用能需求，也就阻碍了国民经济的发展。能源对国家安全、社会运行、生态环境、人们生活和文明发展均有重大的影响，是当代社会与经济生活中的核心问题。能源以直接或间接的方式推动或制约着经济的发展。

（一）能源推动生产的发展

从历史上看，能源与社会经济发展一直是紧密联系在一起的，能源推动了生产的发展。18 世纪瓦特发明了蒸汽机，以蒸汽代替人力、畜力，开始了资本主义的产业革命，逐步扩大了煤炭的利用，从而推动了工业的大发展，社会劳动生产率有了极大的增长。19 世纪中叶，石油资源的成功开采，开拓了能源利用的新时代。这是继薪柴向煤炭转化后能源结构演变的一个重要转折，是一场具有划时代意义的能源革命，对促进世界经济的繁荣和发展起到了非常重要的作用。特别是 19 世纪末，电力进入社会的各个领域，电动机代替了蒸汽机，电灯代替了油灯和蜡烛，电力成为工矿企业的基本动力，是生产和生活的主要能源。能源推动社会生产力大幅度的增长，创造了人类历史上空前的物质文明和精神文明，从根本上改变了人类社会的面貌。

（二）能源推动经济规模的扩大

投入是经济增长的前提条件。在具备投入的其他要素时，必须有能源为其提供动力才能运转，而且运转的规模和程度也受能源供应的制约，也就是说即使有了投入并形成了生产能力，没有能源的推动也不能发挥实际作用。如同其他经济规律一样，经济增长对能源的需求和能源对经济增长的促进作用，通常是在能源供给不能满足需求时表现得最为强烈。例如，1973年第一次石油危机期间，美国能源短缺严重，国民生产总值因此减少了930亿美元，而其他发达国家的情况也大体如此。据有关资料分析，由于能源短缺造成的国民生产总值的损失，大约是能源本身价值的20~60倍[1]。

（三）能源推动技术进步

迄今为止，特别是在工业交通领域，几乎每一次重大的技术进步都是在"能源革命"的推动下实现的。蒸汽机的普遍利用是在煤炭大量供给的条件下实现的；电动机更是直接依赖电力的利用；交通运输的进步与煤炭、石油、电力的利用直接相关。农业现代化或现代农业的进步，包括机械化、水利化、化学化、电气化等同样依赖于能源利用的推动。同时，能源开发利用所产生的对技术进步的需求，也对整个社会技术进步起着促进作用。能源科学技术的每个重大突破，都会引起生产技术的一次革命，把社会生产力推升到一个新的水平。此外，能源产品，尤其是矿物能源产品，同时也是重要的工业原料。以矿物能源为原料的煤化工、石油化工等工业的崛起，不仅其本身成为举足轻重的产业部门，而且带动了一批新兴产业迅猛发展，同时也为传统产业的改造创造了条件。

（四）能源是提高人民生活水平的主要物质基础之一

生产离不开能源，生活同样离不开能源，而且生活水平越高，对能源的依赖性就越大。远古时代，人类在劳动实践中掌握了钻木取火的方法，这是人类

---

[1] 杨文培：《能源发展与经济增长互动关系探讨》，载于《煤炭经济研究》2005年第1期。

在征服自然过程中的第一个伟大胜利,从它的出现开始,生活水平的提高就与能源紧密联系在一起。这表现在能源通过促进生产发展,为生活水平的提高创造了日益增多的物质产品,而且生活水平的提高还依赖于民用能源数量的增加和质量的提高。民用能源既包括炊事、取暖、卫生等家庭用能,也包括交通、商业、饮食服务业等公共事业用能。所以,民用能源的数量和质量是制约生活水平的基本要素之一,能源也就成了提高人民生活水平的主要物质基础之一。

二、经济增长促进能源的发展

(一)经济增长推动能源需求

经济增长为能源发展提供市场,是能源需求与发展的主要推动力。如同其他商品一样,能源生产也同样受市场需求的影响。人类经济发展的几个主要转折阶段都是以主导能源的更替为主要标志,而经济发展对能源消费和需求的不断增长与某种能源资源的相对有限性,是主导能源形式转换的客观依据。经济增长对能源的需求首先体现为能源需求总量的增长,主要有以下三种情况:

(1)经济增长的速度快于其对能源需求总量的增长。
(2)经济增长的速度等于其对能源需求总量的增长。
(3)经济增长的速度慢于其对能源需求总量的增长。

上述三种情况在人类历史上都曾出现过,而且在当今世界各个国家也都同时并存。迄今为止,经济增长的同时伴随着能源需求总量下降的情况仅属于少数特例,它们不足以影响这样的基本规律。即在一般情况下,能源消耗总是随着经济增长而增加,并且在大多数时期基本存在一定比例关系。

(二)经济增长为能源的开发利用提供了认识手段

经济的增长促进了教育的发展及科技的进步,而教育科技的发展又为人类开发利用能源提供了认识的手段。人类对能源科学原理认识的不断深入和能源利用技术的不断发展而导致新的能源形式进入能源供应系统,是主导能源更替的主要原因。能源开发利用达到今天的水平,与科技教育的发展状况是分不开的。能源是对物质的利用,历史表明,对自然物质的认识程度直接关系到对其的利用,因此,科技教育的发展所提供的认知能力为能源的开发利用提供了有效的智力基础。此外,能源资源被开发出来,并要对其加以利用,需要具备一定的物质手段,技术进步以及生产的发展为开发利用能源提供了物质手段。同时,技术的发展又受经济发展的影响,因此,经济的发展水平制约着能源开发利用的规模和水平。

(三)经济增长是能源发展的有力保障

经济增长为能源开发利用提供财力、物力保证。特别是从近代煤炭大规模开发利用开始,能源工业就成为投资大、建设周期长的产业部门之一。因此经济增长所提供的财力、物力状况,制约着能源开发利用的程度和水平。矿物能源、水电、核电也是如此。当前,新能源开发利用的状况也表明了财力、物力在能源开发中的重要作用。

总之,经济增长必然具有对能源发展的内在需求,能源发展是经济增长的动力源泉,随着经济全球化趋势的不断增强,各个国家的经济也将不断发展,在这样的局势下,能源同经济的关系将会更加密切。正确认识和处理好能源与经济发展的关系,涉及经济和社会可持续发展的各个方面,是各国制定经济可持续发展战略的重点之一。

第二节 能源消费强度与能源消费弹性系数波动分析

一、能源消费强度

能源消费强度常常用单位 GDP 能耗来表示,是指一定时期内,一个国家或地区每生产一个单位的国内生产总值所消耗的能源,又称能源密集度(energy intensity),是能源经济学中的重要指标,很多国家都用该指标衡量各国经济发展中能源使用成效以及节能潜力,并可用于国际比较。2006年3月《中国政府工作报告》首次把单位 GDP 能耗列入经济政策中,用量化指标来衡量经济质量,充分体现了我国政府转变能源型经济、粗放型经济为集约型经济的决心。

根据定义,能源消费强度是能源消费量与经济产出之比,即单位产出的能源消费,用公式表示为

$$EI = EC/Y \tag{4.1}$$

其中 EC 为能源消费量,Y 为经济产出量,一般用 GDP 来表示。这一指标的作用:(1)考查一国能源的利用水平和效率;(2)计算节能的数量;(3)能源预测,一般采用能耗定额方法对国民经济各部门的能源需求量进行预测;(4)预测经济增长,在供应有限的情况下,假定能耗定额,从而推算出可能的经济增长数量。

在经济增长过程中,能源消费强度的变化与产业结构转变是密切相关的。产业结构转变的基本过程包括三个方面的变化:一是消费结构的变化,即随着人均收入的增长,对工业品的需求及耐用消费品的需求增长;二是进出口结构的变化,即随着资本和劳动技能的积累,产生的比较优势发生变化;三是生产结构的变化,即对中间品的需求增长以及加工产品对原料的替代加速。纵观世界各国的经济发展,工业化是结构转变及经济增长的加速器,因为工业化促进了产业链的裂化和生产链条的延伸。对于发达国家来说,或者说已经完成工业化的国家,由于产业链裂化的速度下降,能源消费强度也在下降。正在进行工业化的发展中国家,由于产业专业化的裂化较快,因而能源消费强度也在上升。

从整个社会生产发展历史来看,在产业革命以前,人类的生产基本上靠人的体力,再加上一部分畜力和自然力(风力、水力),社会创造的财富有限。自从发现煤炭和发明蒸汽动力以后,推动了产业革命,创造的大量动力,等于增加了大量的人力进行生产,于是社会财富就以前所未有的速度增加。以运输为例,蒸汽火车运输代替人力运输,速度提高十倍,利用一吨煤炭所负担的运输量就相当于一万多个强壮劳动力一天的运输量。同样道理,从19世纪以来,电能、石油、天然气和原子能的大量应用,为社会创造了更多的财富。由此可见,能源的发展促进了经济的发展。同时,随着经济发展和人民生活水平的提高,非物质生产用的社会用能和生活用能数量也大幅度增加。所以,能源消费量和经济增长量之间有很密切的关系,从数量上看,存在一个客观的比例关系,也就是有一个适度的能源消费强度。

1985年、1990年、2000年部分国家能源强度数据见表4-1。根据表4-1可知,低收入国家1985年的能源消费强度仅为6.14,到1990年上升为9.11,2000年为12.18,十五年间增长了一倍,正处于能源消费强度变化的第一阶段,即快速上升阶段。而高收入的国家1990年和2000年能源消费强度的变动不大,分别为2.42和2.03,十年的时间下降了16.12%,也就是说高收入国家的能源消耗已进入非常缓慢的下降时期。如果将每一时间截面经济发展水平不同的各个国家,即低、中、高收入国家的经济水平看成每个国家经济发展或工业化必经的过程,以1985年数据为例,一个典型的低收入国家的能耗曲线为从低收入国家的6.14上升到中等收入国家的11.66,而后到高收入国家以缓慢的态势下降,分别例如美国为6.23、英国为6.09、德国为5.81、法国为5.50、日本为3.94。随着世界各国经济的发展,大多数国家和地区的能源消费水平都呈现不同程度的缓慢下降趋势,到了2000年,低收入国家的能耗已成为全球最高,其能源消费强度为12.18万吨标准煤/亿美元。

表4-1　　　　1985年、1990年、2000年部分国家能源消费强度比较

项目	能源消费强度（万吨标准煤当量/亿美元）		
	1985年	1990年	2000年
高收入国家	—	2.42	2.03
中等收入国家	6.24	6.42	6.77
低收入国家	6.14	9.11	12.18
中国	—	24.55	10.58
美国	6.23	3.51	2.34
法国	5.50	1.89	1.97
德国	5.81	2.37	1.82
英国	6.09	2.18	1.63
日本	3.94	1.50	1.10
韩国	—	3.65	4.24
南非	—	8.55	8.55
印度	—	12.09	10.98

资料来源：根据2000年、2003年《国际统计年鉴》整理。

有学者认为,发达国家能源消费强度下降,部分原因是由于能源之间的相互替代以及采用新技术的结果。博桑尼等学者考查的结果是,20世纪70年代英国的食品工业和工程业、联邦德国的造纸业能源消费强度的下降与用油和天

然气替代煤炭有关，而其他工业能源效率的提高主要是由于对旧机器设备的技术改造及新工厂的建立。这两种现象在我国实际上也存在，优质能源需求的上升以及新机器的使用对降低能源消费强度起到了一定的作用。

进入 21 世纪以来，随着世界各国在气候问题上逐渐达成共识，为应对全球气候变化，纷纷履行减排承诺，世界主要国家 GDP 能耗呈现下降趋势。根据 2018 年国际统计年鉴数据，部分国家 2000～2014 年部分年度万美元 GDP 能耗（按 2011 年不变价，PPP）数据见表 4-2。由表 4-2 可知，中等收入国家 2000 年的能源消费强度为 1.75[①]，到 2014 年下降为 1.38，15 年间降幅达到 21%；高收入国家 2000 年 GDP 能耗为 1.4，2014 年为 1.13，15 年间降幅达到 19%；中国 2000 年 GDP 能耗为 2.43，2014 年为 1.75，15 年间降幅达到 28%，展现了中国作为一个重视能源发展的大国的态度和担当。

表 4-2　　2000～2014 年各国和地区万美元 GDP 能耗比较

（2011 年不变价，PPP）　　　　单位：吨标准油/万美元

项目	2000 年	2005 年	2010 年	2014 年
世界	1.54	1.47	1.38	1.27
高收入国家	1.4	1.31	1.23	1.13
中等收入国家	1.75	1.67	1.52	1.38
中国	2.43	2.44	2.05	1.75
美国	1.75	1.58	1.45	1.34
法国	1.19	1.17	1.09	0.98
德国	1.11	1.08	0.99	0.87
英国	1.14	0.99	0.89	0.73
日本	1.21	1.14	1.09	0.93
韩国	1.93	1.71	1.66	1.58
南非	2.5	2.44	2.31	2.18
印度	1.68	1.42	1.28	1.18
澳大利亚	1.6	1.43	1.4	1.22

资料来源：根据 2018 年《国际统计年鉴》整理。

二、能源消费弹性系数

能源消费弹性系数是反映一定时期一个国家或地区的能源消费与经济增长

[①] 注：表 4-2 与表 4-1 中 GDP 能耗所用计量单位不同，不能直接比较。

速度之间比例关系的指标,并可据其来研究经济系统的能源消费效率和经济发展水平。能源消费增长速度和经济增长速度二者之间的关系通常呈同步增长→超前增长→滞后增长→同步增长的变化规律[①]。

根据上述定义,能源消费弹性系数的计算公式为:

$$能源消费弹性系数 \beta = \frac{能源消费量年均增长速度}{国民经济年均增长速度} \quad (4.2)$$

从能源消费弹性系数的变化规律可以看到,在工业化过程中,由低收入向中等收入发展的时期,能源消耗上升,因此能源消费增长速度将会超前于经济增长速度,β 值应大于 1;当能耗达到一定水平之后,保持稳定,β 值应接近于 1;而随着能源价格的上涨、科学技术的进步、管理的改善和产业结构的变化,能耗不断下降,这时 β 值应小于 1。

这一指标的用途:(1) 能源消费弹性系数可以反映能源使用中开源和节能的关系,β > 1 就意味着为满足经济增长对能源的需求全部依靠开源解决;0 < β < 1 则意味着开源和节能一起发挥作用,β 值代表开源解决的比例,(1 - β) 值则代表节能解决的比例。(2) 可用来为提高、降低和稳定单位能耗服务。

能源消费弹性系数值的大小受经济和能源二者变化的制约。但经济和能源的发展都受多种因素的影响,它们各自的变化过程和相互配合方式可能出现复杂的情况。因此,单独用能源消费弹性系数来评估能源消费的高低具有局限性。

三、我国的能源消费强度与能源消费弹性系数分析

(一) 我国能源消费强度逐年降低,但与国际水平仍存在较大差距

一般来说,一个国家的能源消费强度(即单位 GDP 能耗)随着工业化的进程,会经历一个迅速上升然后缓慢下降的过程。根据 1953~2018 年我国 GDP (按 1952 年价计算) 和能源消费数据,根据式(4.1) 计算单位 GDP 能耗见表 4-3。根据表 4-3 中单位 GDP 能耗数据绘制单位 GDP 能耗随时间变化的线性图,如图 4-1 所示。从图 4-1 可以看出,可将我国单位 GDP 能耗的发展分为

---

① 徐寿波:《百卷本经济全书——能源经济》,人民出版社 1994 年版,第 29 页。

两个时期：第一个时期为新中国成立初期到党的十一届三中全会（1953~1978年），第二个时期为改革开放至今。第一时期为单位 GDP 能耗上升时期，可以分为三个阶段：第一阶段 1953~1960 年，为单位 GDP 能耗上升阶段，从 6.89 吨标准煤/万元上升到 21.58 吨标准煤/万元；第二阶段 1961~1967 年，经过国民经济调整，单位 GDP 能耗不断下降，由 21.58 吨标准煤/万元下降到 11.99 吨标准煤/万元；第三阶段 1968~1977 年，由于"文化大革命"的影响，单位 GDP 能耗又快速上升，从 11.99 吨标准煤/万元上升至 18.15 吨标准煤/万元。第一阶段的单位 GDP 能耗上升是正常的，因为这个时期产业结构中工业比重不断上升，由 1949 年的 12.6% 上升到 1960 年的 46.3%，农业比重由 68.4% 下降到 27.2%。但是这个阶段的后期，由于工业化速度过快，产业结构比例失调，因而在第二阶段对产业结构进行调整，能耗逐渐下降。到了 20 世纪 70 年代，工业比重已经达到 40% 以上，接近工业发达国家的水平，正常来讲，能耗不应该再大幅度上升，但由于"文化大革命"影响，造成第三阶段能耗回升。自从党的十一届三中全会以后，国民经济走上健康的发展道路，单位 GDP 能耗进入不断下降的时期，从 1977 年的 18.15 吨标准煤/万元逐年降至 2002 年的 5.87 吨标准煤/万元，年平均下降率为 4.62%。2003~2005 年能源消费强度较 2002 年有小幅上升，2005 年达到最高点，为 6.7 吨标准煤/万元。从 2006 年至今，单位 GDP 能耗呈逐年下降趋势，至 2018 年下降到 3.92 吨标准煤/万元。

表 4-3   1953~2018 年我国单位 GDP 能耗（按 1952 年价计算）

年份	能源消费总量（万吨标准煤）	1952 年价 GDP（亿元）	单位 GDP 能耗（吨标准煤/万元）	年份	能源消费总量（万吨标准煤）	1952 年价 GDP（亿元）	单位 GDP 能耗（吨标准煤/万元）
1953	5 411	785.0	6.89	1960	30 188	1 398.8	21.58
1954	6 234	818.8	7.61	1961	20 390	1 016.9	20.05
1955	6 968	875.3	7.96	1962	16 540	959.9	17.23
1956	8 800	1 006.6	8.74	1963	15 567	1 058.8	14.70
1957	9 644	1 057.9	9.12	1964	16 637	1 251.5	13.29
1958	17 599	1 283.3	13.71	1965	18 901	1 464.3	12.91
1959	23 926	1 398.8	17.11	1966	20 269	1 621.0	12.50

续表

年份	能源消费总量（万吨标准煤）	1952年价GDP（亿元）	单位GDP能耗（吨标准煤/万元）	年份	能源消费总量（万吨标准煤）	1952年价GDP（亿元）	单位GDP能耗（吨标准煤/万元）
1967	18 328	1 528.6	11.99	1993	115 993	12 902.5	8.99
1968	18 405	1 465.9	12.56	1994	122 737	14 579.9	8.42
1969	22 730	1 713.6	13.26	1995	131 176	16 183.7	8.11
1970	29 291	2 044.4	14.33	1996	135 192	17 785.8	7.60
1971	34 496	2 189.5	15.76	1997	135 909	19 422.1	7.00
1972	37 237	2 272.7	16.38	1998	136 184	20 937.1	6.50
1973	39 109	2 450.0	15.96	1999	140 569	22 549.2	6.23
1974	40 144	2 506.3	16.02	2000	146 964	24 465.9	6.01
1975	45 425	2 724.4	16.67	2001	155 547	26 496.6	5.87
1976	47 831	2 680.8	17.84	2002	169 577	28 907.8	5.87
1977	52 354	2 884.5	18.15	2003	197 083	31 798.6	6.20
1978	57 144	3 222.0	17.74	2004	230 281	35 010.2	6.58
1979	58 588	3 466.9	16.90	2005	261 369	39 001.4	6.70
1980	60 275	3 737.3	16.13	2006	286 467	43 954.5	6.52
1981	59 447	3 927.9	15.13	2007	311 442	50 196.1	6.20
1982	62 067	4 281.5	14.50	2008	320 611	55 065.1	5.82
1983	66 040	4 743.8	13.92	2009	336 126	60 241.2	5.58
1984	70 904	5 464.9	12.97	2010	360 648	66 626.8	5.41
1985	76 682	6 197.2	12.37	2011	387 043	73 023.0	5.30
1986	80 850	6 748.8	11.98	2012	402 138	78 791.8	5.10
1987	86 632	7 538.4	11.49	2013	416 913	84 937.5	4.91
1988	92 997	8 382.7	11.09	2014	425 806	91 138.0	4.67
1989	96 934	8 734.7	11.10	2015	429 905	97 426.5	4.41
1990	98 703	9 075.4	10.88	2016	435 819	10 3954.1	4.19
1991	103 783	9 919.4	10.46	2017	448 529.1	111 023.0	4.04
1992	109 170	11 328.0	9.64	2018	464 000	118 350.5	3.92

资料来源：根据国家统计局相关数据整理。

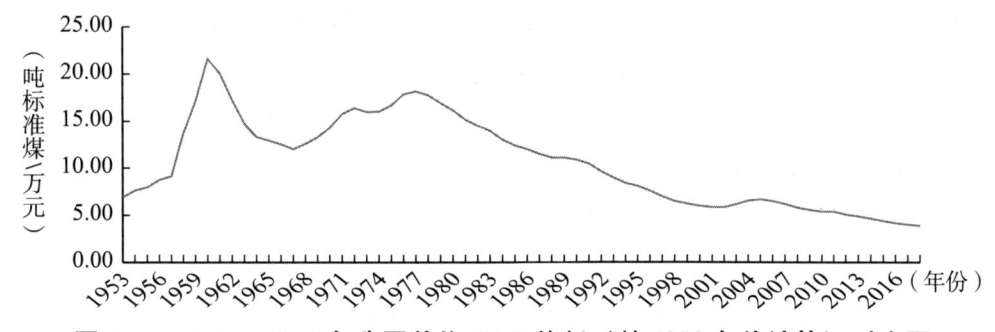

图 4-1 1953~2018 年我国单位 GDP 能耗（按 1952 年价计算）时序图

从 1978 年以来，我国的能耗虽然有很大降幅，能源利用效率得到了较大改善，但是同世界其他各个国家横向比较来看，还是有较大差距。2003 年中国单位产值能耗是世界平均水平的 2 倍多，比美国、欧盟、日本、印度分别高 2.5 倍、4.9 倍、8.7 倍和 43%；我国石化、电力、钢铁、有色、建材、化工、纺织等行业主要产品单位能耗平均比国际先进水平高 40%；燃煤工业锅炉平均运行效率比国际先进水平低 15%～20%；机动车每百公里油耗比欧洲高 25%，比日本高 20%。从能源的产出效率来看，2003 年我国每吨标准煤的产出效率仅相当于日本的 10.3%、欧盟的 16.8%、美国的 28.6%。每立方米水的产出效率，世界平均是 37 美元，中国只有 2 美元，而英国是 93 美元，日本是 55 美元，德国是 51 美元。有学者估计，按当时汇率计算，中国单位资源的产出水平仅相当于美国的 1/10，日本的 1/20，德国的 1/6。在原国家发改委能源局的报告中，2003 年我国消耗的 16.8 亿吨标准煤能源中，有近 4 亿吨标准煤的能源是白白浪费掉了的。由此可以看出，虽然我国能源消耗的下降速度居世界前列，但由于能耗基数过大，能源利用效率仍然偏低，因而单位能耗的下降潜力巨大。目前，我国单位 GDP 能耗及能源效率逐年提高，与发达国家差距越来越小。[①]

（二）我国能源消费弹性系数波动较大，但随着经济发展，其波动趋于平缓

从新中国成立到改革开放前一个不太长的时期内，我国的能源消费弹性系数波动较大，其重要原因是我国的经济发展过程与其他市场经济国家相比具有一定的特殊性，在几十年的经济建设中，指导方针和经济建设重点不断地变化，经济发展顺序往往在"赶超""跃进"的指导思想下跳跃式地展开，出现问题之后再回过头来"调整""补课"，因此，以此为基础计算出来的能源消费弹性系数不能反映经济发展水平，也会不同于其他国家。根据我国 1954～2018 年 GDP 及能源消费量数据，由公式（4.2）计算我国能源消费弹性系数，结果见表 4-4。根据表 4-4 数据绘制能源消费弹性系数随时间变化的时序图，见图 4-2。由图 4-2 可知，改革开放前，我国的能源消费弹性系数处于较高的水平，除极少数年份外（经济负增长年份除外）能源消费弹性系数都大于 1，表示工业化发

[①] 中国国电集团：《我国能源消费七成靠煤炭》（2011 年 8 月 10 日），国际能源网（https://www.in-en.com/article/html/energy-1102271.shtml）。

展时期能源消费先行，经济是以粗放的方式获得增长（能源消费弹性系数可以反映能源使用中开源和节约的关系，也可以理解为，β 代表以粗放的方式获得的经济增长，1 - β 代表以集约的方式获得的经济增长），从而导致能源消费的增长速度大于经济的增长速度。

表 4 - 4　　　　　　　　1954~2018 年我国能源消费弹性系数

年份	能源消费增长率（%）	GDP增长率（%）	能源消费弹性系数	年份	能源消费增长率（%）	GDP增长率（%）	能源消费弹性系数
1953	—	15.6	—	1979	2.5	7.6	0.33
1954	15.2	4.3	3.54	1980	2.9	7.8	0.37
1955	11.8	6.9	1.71	1981	-1.4	5.1	-0.27
1956	26.3	15.0	1.75	1982	4.4	9.0	0.49
1957	9.6	5.1	1.88	1983	6.4	10.8	0.59
1958	82.5	21.3	3.87	1983	6.4	10.8	0.59
1959	36.0	9.0	3.99	1985	8.1	13.4	0.61
1960	26.2	0.0	—	1986	5.4	8.9	0.61
1961	-32.5	-27.3	1.19	1987	7.2	11.7	0.61
1962	-18.9	-5.6	3.37	1988	7.3	11.2	0.66
1963	-5.9	10.3	-0.57	1989	4.2	4.2	1.01
1964	6.9	18.2	0.38	1990	1.8	3.9	0.47
1965	13.6	17.0	0.80	1991	5.1	9.3	0.55
1966	7.2	10.7	0.68	1992	5.2	14.2	0.37
1967	-9.6	-5.7	1.68	1993	6.2	13.9	0.45
1968	0.4	-4.1	-0.10	1994	5.8	13.0	0.45
1969	23.5	16.9	1.39	1995	6.9	11.0	0.63
1970	28.9	19.3	1.50	1996	3.1	9.9	0.31
1971	17.8	7.1	2.50	1997	0.5	9.2	0.06
1972	7.9	3.8	2.09	1998	0.2	7.8	0.03
1973	5.0	7.8	0.64	1999	3.2	7.7	0.42
1974	2.6	2.3	1.15	2000	4.5	8.5	0.54
1975	13.2	8.7	1.51	2001	5.8	8.3	0.70
1976	5.3	-1.6	-3.31	2002	9.0	9.1	0.99
1977	9.5	7.6	1.24	2003	16.2	10.0	1.62
1978	9.1	11.7	0.78	2004	16.8	10.1	1.67

续表

年份	能源消费增长率（%）	GDP增长率（%）	能源消费弹性系数	年份	能源消费增长率（%）	GDP增长率（%）	能源消费弹性系数
2005	13.5	11.4	1.18	2012	3.9	7.9	0.49
2006	9.6	12.7	0.76	2013	3.7	7.8	0.47
2007	8.7	14.2	0.61	2013	3.7	7.8	0.47
2008	2.9	9.7	0.30	2015	1.0	6.9	0.14
2009	4.8	9.4	0.51	2015	1.0	6.9	0.14
2010	7.3	10.6	0.69	2017	2.9	6.8	0.43
2011	7.3	9.6	0.76	2018	3.4	6.6	0.52

资料来源：根据国家统计局相关数据整理。

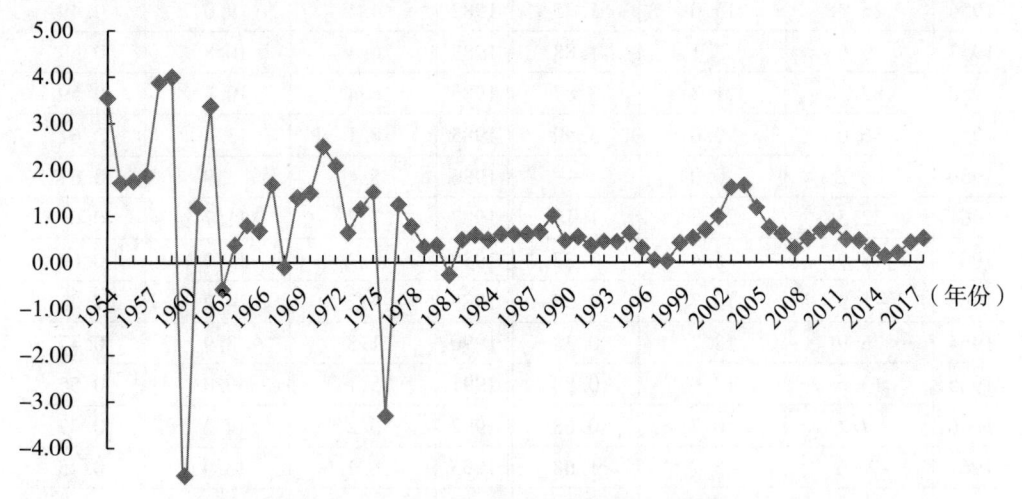

图4-2 1954~2018年我国能源消费弹性系数时序图

改革开放以后，我国的经济增长方式发生了根本性的变化，能源消费弹性系数除极少数年份大于1外，其他年份都小于1，因此我们分析的重点放在改革开放以后。1978~2006年，GDP增长速度先稳步上升到1984年的15.2%这一高峰，然后经过较大的波动，到1990年接近谷底3.9%，接着又提高到1992年的14.2%（高峰年份），再逐步下降到1999年的7.7%，2000~2002年经济增长相对平稳，在8%~9%范围内波动，经济增长经历了两个相对完整的"中长"周期，并保持了相对较高的增长率。同期能源消费也经历了一个快速增长（1996年达到高峰），然后逐步回落（1997~1999年），其后慢慢回升的过程。除了 1989 年和 2003~2005 年的能源消费弹性系数超过 1 外，其他年份都没有超过 1。这说明改革开放以后，经济增长的方式逐步由外延式增长转向内涵式增长。1991~2000 年，我国能源消费的平均弹性系数为 0.23，其中，1991 年、1995 年和 1996 年分别为 0.55、0.63 和 0.31；1997 年及 1998 年分别变为 0.06、0.03。能源消费弹性系数反映出要素增长与经济增长之间的一定关系，能源消费弹性系数越大，经济增长所要求的能源投入就越多，反之亦然。与相对较高的经济增长率相比，自 20 世纪 90 年代中期以来，中国能源消费弹性系数呈现出下降趋势。1997~1998 年，中国经济在保持较高增长率的同时，能源消费弹性系数出现了接近零增长的局面。同时，1991 年之前，节能率基本上在 3%~5% 之间，但 1991~2000 年的平均节能率达到 6.60%，尤其是 1997~2000 年，节能率分别达到 8.85%、11.03%、8.14% 和 7.28%，年均节能率达到 8.83%。2003 年以来，能源消费及 GDP 增速明显加快，都达到了 10% 以上，尤其是 2003~2005 年，能源消费增长速度还超过了 GDP 的增长速度。主要原因是这三年投资增长过猛，重工业占工业的比重明显上升，全社会固定资产投资连续三年增长 26% 以上，钢铁、水泥、化工、电力等高耗能产业迅速扩张，高耗能产品产量大幅增长，从而造成能源消费量增长过快。这一时期，反映能源消费与经济增长之间关系的能源消费弹性系数波动较大，但随着经济发展，其波动趋于平缓。2006 年以来，能源消费弹性系数均在小于 1 的区间运行，这表明我国经济增长并不是以消耗资源为代价，而是注重节能增效，开源与节能并举，以集约方式实现经济增长（见图 4-2）。

第三节　经济增长与能源消费关系的协整分析模型

从理论上来说，能源消费与经济增长应该有着同向的发展趋势及双向的因果关系。能源作为社会生产活动和人类生存的物质基础，其本身的发展即为经济增长的重要组成部分。同时社会经济的发展，包括工农业建设、城市化推进、生活水平的提高等诸方面，都要求并促进能源消费的进一步提升。为了揭示中国能源消费和经济增长之间随时间变化的动态规律，下面拟采用在时间序列数据建模中广泛采用的协整理论及其相关方法进行分析。

一、平稳序列

（一）平稳性的内涵

经典回归模型建立在经典假定之上，除了经典假定之外，还有一些隐含的假定，比如容易忽视的一个隐含假定是模型中的变量应为平稳变量，如果是非平稳的，可能产生伪回归问题。所谓平稳性，是指一个变量其统计规律不随时间变化而变化。就是说产生变量时间序列数据的随机过程的特征不随时间变化而变化。用平稳时间序列进行计量分析，传统的估计方法和假设检验才有效。一个平稳的时间序列过程的概率分布与时间的位移无关。如果从序列中任意取一组随机变量并把这个序列向前移动 h 个时间，其联合概率分布保持不变。这就是严格平稳的含义，其严格定义为：对一个随机过程 $\{X_{ti}: i = 1, 2, \cdots\}$，h 为整数，如 $\{X_{t1}, X_{t2}, \cdots, X_{tm}\}$ 的联合分布与 $\{X_{t1+h}, X_{t2+h}, \cdots, X_{tm+h}\}$ 的联合分布相同，那么随机过程 $\{X_t\}$ 就是平稳的。由定义知，平稳性的特征就是要求所有时间间隔相同的各项之间具有相同的相关关系。由分布函数判断一个时间序列数据是否为一个平稳过程是很困难的。通常而言，时间序列数据是弱平稳的就足够了。因此，弱平稳是时间序列分析中的常用平稳性概念。

弱平稳也称为协方差平稳过程。如果一个时间序列 X_t 是弱平稳的，则应满足以下三个条件：

（1）其均值 $E(X_t)$ 与时间 t 无关；

（2）其方差 $Var(X_t)$ 是有限的，并不随着 t 的推移产生系统的变化；

（3）其协方差 $Cov(X_t, X_s)$ ($t \neq s$) 只与随机变量 X_t、X_s 之间的时间间隔 (t−s) 有关，与时间 t 无关。

于是，时间序列 X_t 将趋于返回它的均值，以一种相对不变的振幅围绕均值波动。在以下分析中，平稳过程主要指的是弱平稳过程。如果一个时间序列 X_t 是非平稳的，则其统计规律（均值、方差或协方差）将随时间 t 的变化而改变。此时，要通过回归分析研究某个变量在跨时间区域对一个或多个变量的依赖关系是很困难的，也就是说当时间序列为非平稳时，将无法知道一个变量的变化如何影响另一个变量。

（二）平稳性的检验方法

1. 单位根检验的由来

在用时间序列数据建立回归模型进行分析时，经典回归模型要求时间序列变量应为平稳性变量，平稳性是经典回归模型的基本前提，因此，在进行经济计量分析前，一般需要对时间序列数据进行平稳性检验。时间序列的平稳性可通过图形和自相关函数进行检验，实证分析中，单位根检验方法为时间序列平稳性检验的常用方法。

对于一阶自回归模型 AR(1)，其表达式为

$$Y_t = \rho Y_{t-1} + v_t \tag{4.3}$$

式中，v_t 为经典误差项，在时间序列模型中也称之为白噪声过程。

如果式（4.3）中 $\rho = 1$，则

$$Y_t = Y_{t-1} + v_t \tag{4.4}$$

式（4.4）中 Y_t 的特征为 Y_t 以前一期的 Y_{t-1} 为基础，加上一个均值为零且独立于 Y_{t-1} 的随机变量，Y_t 称为随机游走序列。

假定 Y_0 非随机，则 $\text{Var}(Y_0) = 0$，因此

$$\text{Var}(Y_t) = \text{Var}(v_t + v_{t-1} + \cdots + v_1 + Y_0) = \sigma_v^2 t \tag{4.5}$$

式（4.5）表明随机游走序列的方差是时间 t 的线性函数，说明随机游走过程是非平稳的。

对于 AR(1) 过程即式（4.3），引入滞后算子 L，式（4.3）可写作

$$(1 - \rho L) Y_t = v_t \tag{4.6}$$

记 $\phi(L) = 1 - \rho L$，则称方程

$$\phi(Z) = 1 - \rho Z = 0 \tag{4.7}$$

为 AR(1) 模型的特征方程，其根为 $Z = 1/\rho$。如果 $\rho = 1$，则根据 Y_t 序列建立的 AR(1) 模型对应的特征方程有一个单位根，称 Y_t 为单位根过程，序列 Y_t 是非平稳的。同理，若 Y_t 的生成过程为 AR(m) 过程，即：

$$Y_t = \rho_1 Y_{t-1} + \rho_2 Y_{t-2} + \cdots + \rho_m Y_{t-m} + v_t \tag{4.8}$$

引入滞后算子 L，则式（4.8）变换为：

$$(1 - \rho_1 L - \rho_2 L^2 - \cdots - \rho_m L^m) Y_t = v_t \tag{4.9}$$

记 $\Phi(L) = (1 - \rho_1 L - \rho_2 L^2 - \cdots - \rho_m L^m)$，则称多项式方程：

$$\Phi(Z) = (1 - \rho_1 Z - \rho_2 Z^2 - \cdots - \rho_m Z^m) = 0 \tag{4.10}$$

为 AR(m) 的特征方程。同 AR(1)，如果该特征方程的根（或根的模）在单位圆上，即存在单位根，则 AR(m) 模型是非平稳的。如果该特征方程的所有根在单位圆外（或根的模大于1），则 AR(m) 模型是平稳的。因此，要判断某时间序列是否平稳可通过判断它是否存在单位根，这就是时间序列平稳性的单位根检验。

2. DF 检验

要检验时间序列的平稳性，可通过 DF 检验进行。即对于下式：

$$Y_t = \rho Y_{t-1} + v_t \tag{4.11}$$

要检验该序列是否平稳，即检验该序列是否含有单位根。设定原假设为 $H_0: \rho = 1$，则检验统计量为：

$$\tau = \frac{\hat{\rho} - 1}{Se(\hat{\rho})} \tag{4.12}$$

但是，在原假设下（序列非平稳），迪克和富勒于1976年研究发现，τ 不服从传统的 t 分布，因此不能采用 t 分布对上述假设进行检验。他们通过研究发现上述 τ 统计量的极限分布是存在的，人们将其称为 DF 分布，因此该检验方法称为 DF 检验。该方法采用 OLS 法估计式（4.11），计算 τ 统计量的值，与 DF 分布表中给定显著性水平下的临界值比较。如果 τ 统计量的值小于临界值（左尾单侧检验），就意味着 ρ 足够小，拒绝原假设 $H_0: \rho = 1$，说明时间序列 Y_t 不存在单位根，即 Y_t 是平稳的。

迪克和富勒研究认为 DF 检验的临界值与数据序列的生成过程以及回归模型的类型有关。因此，他们针对以下三种模型编制了 DF 分布表。

(1) 无常数项和时间趋势项的模型：

$$Y_t = \rho Y_{t-1} + v_t \tag{4.13}$$

(2) 包含常数项无时间趋势项的模型：

$$Y_t = \alpha + \rho Y_{t-1} + v_t \tag{4.14}$$

(3) 包含常数项和时间趋势项的模型：

$$Y_t = \alpha + \beta t + \rho Y_{t-1} + v_t \quad (4.15)$$

DF 检验常用的表达式为如下的差分表达式，即：

$$\Delta Y_t = (\rho - 1) Y_{t-1} + v_t \quad (4.16)$$

令 $\gamma = \rho - 1$，则：

$$\Delta Y_t = \gamma Y_{t-1} + v_t \quad (4.17)$$

同理，可得另外两种模型为：

$$\Delta Y_t = \alpha + \gamma Y_{t-1} + v_t \quad (4.18)$$

$$\Delta Y_t = \alpha + \beta t + \gamma Y_{t-1} + v_t \quad (4.19)$$

对于式（4.17）、式（4.18）、式（4.19）而言，对应的原假设和备择假设分别为：

$$H_0: \gamma = 0 \ (Y_t \text{ 为非平稳序列})$$

$$H_1: \gamma < 0 \ (Y_t \text{ 为平稳序列})$$

DF 检验的决策规则是：$\tau >$ 临界值，则 Y_t 是非平稳的；$\tau <$ 临界值，则 Y_t 是平稳的。

（三）ADF 检验

进行 DF 检验时，假定误差项 v_t 为经典误差项，不存在自相关，即时间序列 Y_t 是一阶自相关 AR(1) 过程。但多数时间序列经济计量模型不能满足这一条件，通常表现为随机误差项为自相关，使用 OLS 法进行参数估计会导致 DF 检验无效。为了保证单位根检验的有效性，迪克和富勒对 DF 检验进行扩充，形成了 ADF 检验（Augmented Dickey – Fuller test）。

ADF 检验是通过如下三个模型完成的：

(1) $$\Delta Y_t = \gamma Y_{t-1} + \sum_{i=1}^{m} \alpha_i \Delta Y_{t-i} + v_t \quad (4.20)$$

(2) $$\Delta Y_t = \alpha + \gamma Y_{t-1} + \sum_{i=1}^{m} \alpha_i \Delta Y_{t-i} + v_t \quad (4.21)$$

(3) $$\Delta Y_t = \alpha + \beta t + \gamma Y_{t-1} + \sum_{i=1}^{m} \alpha_i \Delta Y_{t-i} + v_t \quad (4.22)$$

模型（3）中 t 是时间变量。原假设都是 $H_0: \gamma = 0$，即 Y_t 存在单位根。ADF 检验的原理与 DF 检验相同，模型不同时，检验临界值亦不同。实际检验时，首先对模型（3）进行单位根检验，然后检验模型（2）、模型（1）。在此过程中，只要结论出现，即出现拒绝原假设，检验就结束，否则就一直检验到模型（1）。当然，也可通过观察 Y_t 的时序图，判断 Y_t 的生成过程，再选择恰当的模型进行单位根检验。

二、单整

如果一个序列在成为稳定序列之前必须经过 d 次差分，则该序列被称为 d 阶单整，记为 I(d)。换句话说，如果序列 X_t 是非稳定的，$\Delta^d X_t$ 是稳定序列，则序列 X_t 为 I(d)。其中 $\Delta^d X_t$ 表示序列 X_t 的 d 次差分。设 L 为滞后算子，则：

$$\Delta X_t = X_t - X_{t-1} = (1-L)X_t$$

$$\Delta^2 X_t = \Delta(\Delta X_t) = (1-L)^2 X_t$$

$$\cdots\cdots$$

$$\Delta^d X_t = \Delta(\Delta^{d-1} X_t) = (1-L)^d X_t \tag{4.23}$$

如果有两个序列分别为 d 阶单整和 e 阶单整，即：

$$X_t \sim I(d), \ Y_t \sim I(e), \ e > d$$

则此两序列的线性组合是 e 阶单整，即：

$$Z_t = \alpha X_t + \beta Y_t \sim I(\max(d, e)) \tag{4.24}$$

其中，α、β 为非零常数。

三、协整（Cointegration）

（一）协整的概念

协整是对经济时间序列变量之间相互关系的一种刻画，用以描述一组经济变量在长期趋势下的走向不至于分岔太远的现象。按照经济理论观点，协整可理解为经济时间序列变量间存在着一种均衡力量，既存在着一种机制的作用，是非平稳的不同变量在长期内一起运动。按照经验的观点，协整可理解为两个

经济时间序列数据 $\{X_t, Y_t\}$ 在以 X_t 为横坐标、Y_t 为纵坐标的平面上，其散点图围绕在某一条直线 $Y_t = \beta_0 + \beta_1 X_t$ 的周围，直线对点 (X_t, Y_t) 起着引力线的作用，当 (X_t, Y_t) 偏离该直线时，引力线的作用会使它们回到直线附近，虽然不能立即到达直线上，但存在着回归这条直线的总趋势。比如设 c，y 分别代表消费和收入变量，每个变量都是时间递增序列，其均值也随时间的推移而增大，由于 c 和 y 之间存在着因果关系，因此可用下列模型表示：

$$c = \alpha + \beta y + \mu$$

式中：μ 为误差项，若 μ 满足 $(0, \sigma_\mu^2)$，即 μ 为白噪声序列或者说 μ 具有平稳性，我们就说 c 和 y 是协整的。简言之，这意味着 c 和 y 在长期过程中是联动的，有长期稳定的均衡关系存在。这个例子告诉我们若两个或多个非平稳的变量序列，其线性组合后的序列呈平稳性，则可称这些变量序列间有协整关系存在。其定义如下：

如果序列 X_{1t}, X_{2t}, …, X_{kt} 都是 d 阶单整，即 $X_t \sim I(d)$，存在一个非零向量 $\alpha = (\alpha_1, \alpha_2, \cdots, \alpha_k)$，使得 $Z_t = \alpha X_t' \sim I(d-b)$，其中 $b > 0$, $X_t' = (X_{1t}, X_{2t}, \cdots, X_{kt})'$，则认为序列 X_{1t}, X_{2t}, …, X_{kt} 是 (d, b) 阶协整，记为 $X_t \sim CI(d, b)$，α 为协整向量。

从协整的定义可以看出，协整的经济意义在于：两个变量，虽然它们具有各自的长期波动规律，但是如果它们是协整的，则它们之间存在着一个长期稳定的比例关系。

（二）协整检验

1. 两变量的 Engle – Granger 检验

该检验法是由恩格尔和格兰杰于 1987 年提出的，仅考虑了双变量过程，这个过程只可能具有零个或一个协整向量。具体做法是：

假设有两个变量 Y_t 和 X_t，都是 $I(d)$ 序列，协整关系可以通过下列长期静态回归模型进行检验

$$Y_t = \beta_0 + \beta_1 X_t + \varepsilon_t \tag{4.25}$$

利用 ADF 统计量检验采用 OLS 方法估计的残差 $\hat{\varepsilon}_t$ 是否平稳，方程为

$$\Delta \hat{\varepsilon}_t = \phi \hat{\varepsilon}_{t-1} + \sum_{i=1}^{p} \gamma_i \Delta \hat{\varepsilon}_{t-i} + \mu_t \tag{4.26}$$

需要注意的是，式（4.26）中不应含常数项和趋势项。零假设为长期静态模型（4.25）中估计的误差是非平稳的，即 $\hat{\varepsilon}_t$ 有单位根。检验的统计量是参数 ϕ 的 τ 统计量，但需注意，临界值不能用 Dickey–Fuller 检验的临界值，应使用 MacKinnon 给出的协整 ADF 检验的临界值。若式（4.26）中的 ADF 的 τ 统计量小于临界值，则拒绝非平稳的零假设（或者说拒绝非协整关系），表示 Y_t 和 X_t 是协整的。此外还可以辅助以协整 DW 统计量（CIDW）进行粗略的协整检验，经验上，若 $CIDW > R^2$，则说明模型（4.25）中误差项是平稳的，即变量间是协整的。

综上，恩格尔—格兰杰检验包括以下两个步骤：

第一步，使用 ADF 检验长期静态模型中所有变量的单整阶数。协整回归要求两个变量都是同阶单整的，因为两个时间序列，只有在它们是同阶单整时，才有可能存在协整关系。

第二步，用 OLS 法估计长期静态回归方程，然后用 ADF 统计量检验残差估计值序列的平稳性。

2. 多变量 EG 两步法协整关系检验

多变量 EG 两步法协整检验与双变量 EG 两步法协整检验的原理是相同的，就是判断是否有稳定的线性组合，检验的步骤如下：

第一步，对于 k 个同阶单整序列，建立回归方程：

$$Y_t = \alpha_0 + \alpha_1 X_{1t} + \alpha_2 X_{2t} + \cdots + \alpha_k X_{kt} + u_t \tag{4.27}$$

用 OLS 法估计该模型，得到残差为：

$$e_t = Y_t - (\hat{\alpha}_0 + \hat{\alpha}_1 X_{1t} + \hat{\alpha}_2 X_{2t} + \cdots + \hat{\alpha}_k X_{kt}) \tag{4.28}$$

第二步，检验残差序列 e_t 是否平稳

如果通过变换各种线性组合（即用不同的变量为被解释变量），都不能得到平稳的残差序列，则认为这些变量之间不存在协整关系。

3. 多变量 Johansen 协整关系检验

当长期模型中有两个以上变量时，协整关系就可能不止一种。此时若采用恩格尔—格兰杰协整检验，就无法找到两个以上的协整向量。约翰森和尤塞柳斯于 1990 年提出了一种在 VAR 系统下用极大似然估计来检验多变量之间协整关系的方法，通常称为约翰森检验。其含义与恩格尔—格兰杰检验相似，但操作方法不同，这里就不详细描述其具体做法了。

四、误差修正模型（ECM）

误差修正模型（error correction model）是一种具有特定形式的计量经济学模型，它的主要形式是由戴维森、亨德里、斯尔巴和约于 1978 年提出的，也称为 DHSY 模型。我们举例来说明：

对于（1，1）阶自回归分布滞后模型：

$$y_t = \beta_0 + \beta_1 z_t + \beta_2 y_{t-1} + \beta_3 z_{t-1} + \varepsilon_t \qquad (4.29)$$

移项后得到：

$$\Delta y_t = \beta_0 + \beta_1 \Delta z_t + (\beta_2 - 1)\left(y - \frac{\beta_1 + \beta_3}{1 - \beta_2}z\right)_{t-1} + \varepsilon_t \qquad (4.30)$$

方程（4.30）即为误差修正模型。其中 $\left(y - \frac{\beta_1 + \beta_3}{1 - \beta_2}z\right)$ 为误差修正项，记为 ecm。

显然，式（4.30）实际上是一个短期模型，反映了 Y_t 的短期波动 ΔY_t 是如何被决定的。一方面，它受到自变量短期波动 ΔZ_t 的影响，另一方面，又受到误差项 ecm 的影响。如果变量 Y_t 和 Z_t 之间存在长期均衡关系，即有 $\bar{y} = a\bar{z}$，则式（4.30）中的 ecm 项可以改写为：

$$\bar{y} = \frac{\beta_1 + \beta_3}{1 - \beta_2}\bar{z} \qquad (4.31)$$

可见，ecm 反映了变量在短期波动中偏离它们长期均衡关系的程度，称为均衡误差。模型（4.30）可简记为：

$$\Delta y_t = \beta_0 + \beta_1 \Delta z_t + \lambda \text{ecm}_{t-1} + \varepsilon_t \qquad (4.32)$$

一般地，式（4.29）中 $|\beta_2| < 1$，所以由式（4.32）可知，$\lambda = \beta_2 - 1 < 0$。因此，当 $y_{t-1} > \frac{\beta_1 + \beta_3}{1 - \beta_2}z_{t-1}$，$\text{ecm}_{t-1}$ 为正，则 λecm_{t-1} 为负，使 ΔY_t 减少，反之亦然。这体现了均衡误差对 Y_t 的控制。

五、格兰杰因果关系检验

2003 年诺贝尔经济学奖得主克莱夫·格兰杰（Clive W. J. Granger）于 1969

年提出了一种基于"预测"的因果关系（格兰杰因果关系），后经西蒙斯（1972，1980）的发展，格兰杰因果检验作为一种计量方法已经被经济学家们普遍接受并广泛使用。在时间序列情形下，两个经济变量 X、Y 之间的格兰杰因果关系定义为：若在包含了变量 X、Y 的过去信息的条件下，对变量 Y 的预测效果要优于只单独由 Y 的过去信息对 Y 进行的预测效果，即变量 X 有助于解释变量 Y 的将来变化，则认为变量 X 是引致变量 Y 的格兰杰原因。进行格兰杰因果关系检验的一个前提条件是时间序列必须具有平稳性，否则可能会出现虚假回归问题。因此在进行格兰杰因果关系检验之前首先应对各指标时间序列的平稳性进行单位根检验（unit root test）。常用增广的迪基—富勒检验（ADF 检验）对各指标序列的平稳性进行单位根检验。由于其统计学本质上是对平稳时间序列数据的一种预测，仅适用于计量经济学的变量预测，不能作为检验真正因果性的判据。格兰杰因果关系检验假定了有关两个变量的预测信息全部包含在这两个变量的时间序列之中。检验要求估计以下的回归：

$$Y_t = \sum_{i=1}^{m} \alpha_i X_{t-i} + \sum_{i=1}^{m} \beta_i Y_{t-i} + u_{1t} \qquad (4.33)$$

$$X_t = \sum_{i=1}^{m} \lambda_i Y_{t-i} + \sum_{i=1}^{m} \delta_i X_{t-i} + u_{2t} \qquad (4.34)$$

其中误差项 u_{1t} 和 u_{2t} 假定是不相关的。下面分四种情况来讨论：

(1) 如果式（4.33）中 X 各滞后项前的系数整体不为零，而式（4.34）中 Y 各滞后项前的系数整体为零，则表明有从 X 到 Y 的单向因果关系。

(2) 如果式（4.33）中 X 各滞后项前的系数整体为零，而式（4.34）中 Y 各滞后项前的系数整体不为零，则表明有从 Y 到 X 的单向因果关系。

(3) 如果 X 与 Y 各滞后项前的系数整体不为零，则表明 X 与 Y 之间有双向因果关系。

(4) 如果 X 与 Y 各滞后项前的系数整体为零，则表明 X 与 Y 之间是相互独立的。

以式（4.33）给出的回归模型为例，格兰杰因果关系检验的步骤如下：

(1) 将当前的 Y 对所有 Y 的滞后项做回归，这是一个受约束的回归。记该回归的残差平方和为 RSS_R。

(2) 再做包含有 X 的滞后项的回归，这是一个无约束的回归。记该回归的残差平方和为 RSS_U。

(3) 给定原假设 H_0: X 各滞后项前的系数整体为零，即 X 不是 Y 的格兰杰原因。

(4) 为了检验此假设，计算如下 F 统计量：

$$F = \frac{(\text{RSS}_R - \text{RSS}_U)/m}{\text{RSS}_U/(n-k)} \qquad (4.35)$$

它服从自由度为 m 和 (n-k) 的 F 分布。其中，m 为 X 的滞后项的个数，n 为样本容量，k 为包含可能存在的常数项及其他变量在内的无约束回归模型中待估参数的个数。

(5) 在给定的显著性水平 α 下，如果计算的 F 值大于 F 分布相应的临界值 $F_\alpha(m, n-k)$，则拒绝原假设，认为 X 是 Y 的格兰杰原因。

同样地，要检验 Y 是否是导致 X 的原因，可根据式 (4.34) 重复以上步骤。

需要指出的是，格兰杰因果关系检验对于滞后期长度的选择有时很敏感，不同的滞后期可能会得到完全不同的检验结果。因此，一般而言，要进行不同滞后期长度的检验。

第四节　实 证 分 析

一、变量选取与处理

本书根据国家统计局数据，以我国改革开放以来（1978~2018 年）的能源消费总量与 GDP 的时间序列数据为样本，对能源消费与经济增长之间关系进行考察。能源消费量的单位为万吨标准煤，GDP 的单位为亿元人民币（2015 年及以前年度 GDP 为按改革研发支出后的新核算方法进行调整后的数据，以 1952 年价计算）。

1978~2018 年中国能源消费量（EC）与 GDP 序列的走势曲线如图 4-3 所示。从图 4-3 可以看到序列具有加速增长的特征，类似于指数增长趋势。因此在建模前需要对原始序列取对数（lnEC、lnGDP 分别为 EC、GDP 的对数），图 4-4 是对数序列的走势曲线。从图 4-4 可以看出对数序列大致呈线性增长的趋势，对数序列散点图见图 4-5。

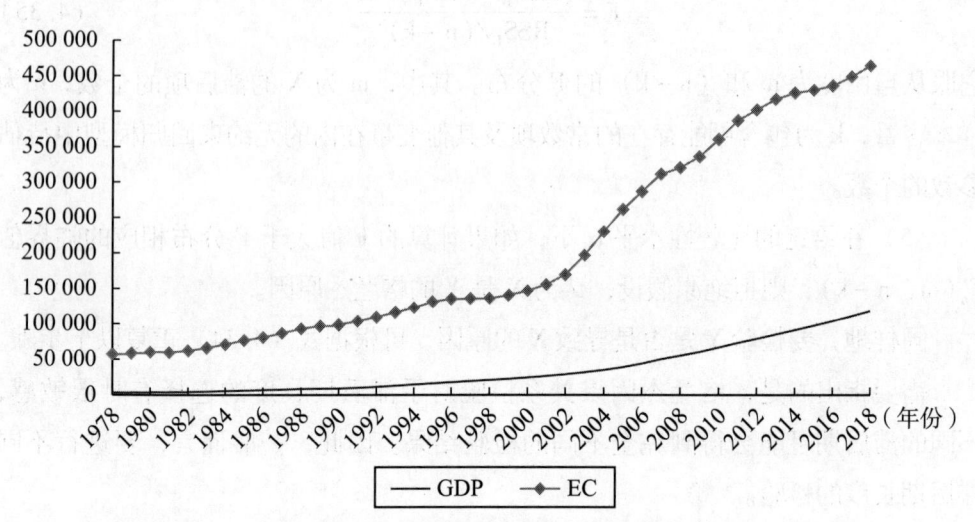

图 4-3　1978~2018 年我国 GDP 及能源消费量（EC）时序图

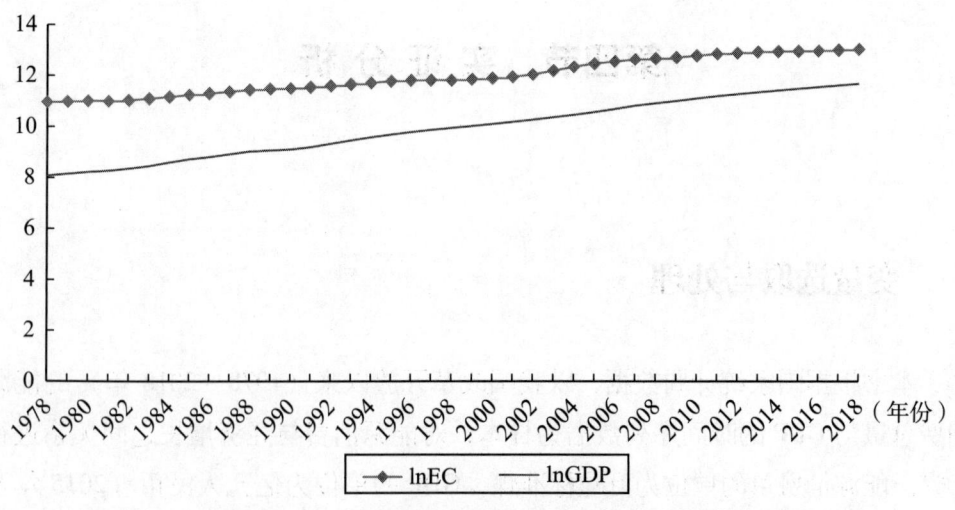

图 4-4　1978~2018 年我国 GDP 及能源消费量取对数后的时序图

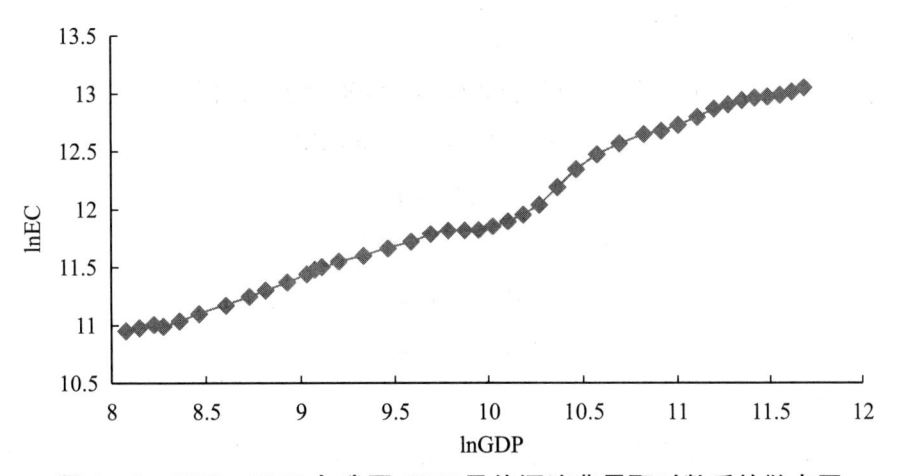

图 4-5　1978~2018 年我国 GDP 及能源消费量取对数后的散点图

二、平稳性检验

对序列 lnEC、lnGDP 用 ADF 检验方法，结果见表 4-5。

表 4-5　　　　　　　　　ADF 单位根检验结果

检验序列	检验形式	AIC	ADF 统计量	1% 临界值	5% 临界值	结论
lnEC	(c, t, 6)	-4.6698	-2.4129	-4.2529	-3.5485	非平稳
lnGDP	(c, t, 3)	-5.2200	-2.5363	-4.2268	-3.5366	非平稳
ΔlnEC	(c, 2)	-4.6381	-3.2827	-3.6201	-2.9434	5%下平稳
ΔlnGDP	(c, 3)	-5.0845	-3.1272	-3.6268	-2.9458	5%下平稳

注：(c, t, 6) 表示检验方程含截距项、线性趋势项、滞后 6 阶；(c, 2) 表示检验方程只含截距项，不含线性趋势项，滞后 2 阶；ΔlnEC 及 ΔlnGDP 分别表示 lnEC 及 lnGDP 的一阶差分序列。

由表 4-5 可知，在 5% 的显著性水平下，lnEC 及 lnGDP 的一阶差分序列平稳，说明 lnEC 及 lnGDP 属于 I(1) 序列，即一阶单整序列。

三、协整检验

因 lnEC 及 lnGDP 都属于 I(1) 序列，可能存在协整关系，下面采用 EG 两步法进行检验。

第一步,利用 OLS 估计,建立 lnEC 和 lnGDP 之间的回归方程:

$$\text{lnEC} = 5.8188 + 0.6209\text{lnGDP} + e \quad (4.36)$$
$$\text{Se} = (0.1255)(0.0126)$$
$$t = (46.3731)(49.4118)$$
$$P = (0.0000)(0.0000)$$
$$R^2 = 0.9843 \quad n = 41$$

式(4.36)中,e 为残差项。

由于 lnEC 及 lnGDP 是非平稳时间序列,回归式(4.36)是否有意义还取决于协整检验结论。如果该回归式中两个变量 lnEC 和 lnGDP 之间不存在协整关系,则可能出现伪回归现象。

第二步,根据式(4.36),对该方程中的残差序列 e 进行单位根检验。由式(4.36),得:

$$e = \text{lnEC} - (5.8188 + 0.6209\text{lnGDP}) \quad (4.37)$$

在此,利用 ADF 检验,结果见表 4-6。

表 4-6　回归式(4.36)残差序列 e 的 ADF 单位根检验结果

		τ-统计量	Prob.*
扩展的迪克—富勒检验统计量		-3.319892	0.0015
检验临界值	1% 水平	-2.625606	
	5% 水平	-1.949609	
	10% 水平	-1.611593	

注:* 为麦金农单侧 P 值。

由表 4-6 的检验结果可知,ADF 检验统计量的值为 -3.319892,小于显著性水平为 0.01 时的临界值 -2.625606,或者由 P 值 = 0.0015 < 0.01,在 1% 的显著性水平下拒绝残差序列 e 非平稳的原假设。因此可以认为估计回归方程的残差序列 e 为平稳序列,表明序列 lnEC 和 lnGDP 具有协整关系,协整向量为(1,-0.6209)。

四、能源消费与经济增长的格兰杰因果关系检验

以上确定了 lnEC 和 lnGDP 均为 I(1) 过程而且存在协整关系。协整只是表明了能源消费与经济增长之间存在长期均衡关系,但没有指明它们之间的因果关系及其方向,下面对 lnEC 和 lnGDP 进行格兰杰因果关系检验,结果如表 4-7 所示。

表 4-7　　　能源消费与经济增长之间格兰杰因果关系检验结果

原假设:	Obs	F - Statistic	Probability
lnGDP 不是 lnEC 的格兰杰原因	39	3.77959	0.0329
lnEC 不是 lnGDP 的格兰杰原因		0.54456	0.5851

由表 4-7 可知,在 5% 的显著性水平下,应拒绝原假设 H_{01}:经济增长不是能源消费的"格兰杰原因",但不能拒绝原假设 H_{02}:能源消费不是经济增长的"格兰杰原因",因此,经济增长是能源消费的"格兰杰原因",但能源消费不是经济增长的"格兰杰原因",也即能源消费与经济增长之间存在单向的"格兰杰因果关系"。由式(4.36)可知,在分析的样本期内,从长期来看,GDP 每增长 1%,能源消费量将平均增长 0.62%。

五、能源消费量和经济增长的误差修正模型

以上结果表明我国能源消费量和经济增长之间是单向的格兰杰因果关系。利用式(4.37)中得到的残差项 e,作为误差修正项 ecm,根据"格兰杰表述定理"可建立形如式(4.38)的误差修正模型。由 OLS 估计方法,逐步剔除方程右边的不显著变量,得到如下误差修正方程:

$$\Delta\ln EC_t = 0.6573\Delta\ln GDP_t - 0.5376\Delta\ln GDP_{t-1} + 0.7954\Delta\ln EC_{t-1} - 0.1081 ecm_{t-1}$$
(4.38)

$$Se = (0.1345) \quad (0.1429) \quad (0.0952) \quad (0.0335)$$
$$t = (4.8882) \quad (-3.7618) \quad (8.3561) \quad (-3.2247)$$
$$P = (0.0000) \quad (0.0006) \quad (0.0000) \quad (0.0027)$$
$$R^2 = 0.7726 \quad \text{Adjusted } R^2 = 0.7532$$

这里误差修正项 ecm_{t-1} 系数为 -0.1081，在 1% 水平下显著小于零，符合反向修正机制，表明能源消费和经济增长在短期波动中偏离它们长期均衡关系的程度。从长期来看，由式（4.36）知，GDP 每增长 1%，能源消费量将平均同向增长 0.62%；从短期来看，由式（4.38）可知，当上一期能源消费水平高于长期均衡值时，本期能源消费涨幅便会下降，反之上一期能源消费水平低于长期均衡值时，本期能源消费涨幅便会上升，ecm_{t-1} 的系数表明 10.81% 的偏离长期均衡部分会在短期之内得以调整，于是在系统自身的内在调节作用下，短期内能源消费不会偏离长期均衡值太远。

从定性分析来看，能源消费包括两部分：一部分是由生产技术水平所决定的，一般说来，这部分消费与经济增长的关系在短期内不会发生较大变化；另一部分是由管理水平、市场环境、产业结构等因素决定的能源消耗水平，即体制性因素决定的能源消费水平，这部分能源消费可变性较大，是引起能源消费增长与经济增长关系不稳定的主要原因。由于能源消费与经济增长之间的这种内在关系的作用，使得尽管能源消费有时会偏离均衡，但是经济自身的力量将会使其重新回到均衡状态，也就是其无论在短期如何变化，长期来说，仍趋于均衡，这也正是本部分误差修正模型所描述的能源消费与经济增长之间的关系。

第五章
经济增长、能源消费与碳排放的关系

第一节　能源消费与大气污染的现状分析

一、生态环境与经济增长

工业革命以来，人类的物质文明取得了极大进步，但这种进步的基础是对环境的掠夺和破坏。第二次世界大战后，发达国家经济经历了几十年的高速增长，发展中国家也普遍谋求以物质财富增长为主的经济发展，造成了自然资源（包括大量不可再生资源）的巨大耗费、环境大范围污染和生态严重失衡。20世纪90年代以来，日益恶化的环境问题引发了人们对传统发展模式的反思。

传统发展观的核心是物质财富的增长。按照这种观念，物质财富的无限增长似乎是社会进步的唯一标志，"增长"就是"发展"的同义词。然而，传统发展观存在着致命的缺陷：忽略了环境对发展的限制。虽然有一部分自然资源作为生产要素，也进入了经济学的研究视野，但传统经济学认为，任何短期的资源短缺都会由于市场机制的调节作用而在长期中得到解决。至于生态环境问题，则被排除在传统经济学研究范围之外。因此，在传统发展观指导下的经济活动往往滥用自然资源，过度的消耗石油、煤炭、淡水、木材、野生动物等，经济活动产生的废物任意排入周围环境，造成环境的严重恶化。

早在20世纪60年代，已有一些有识之士发现了潜藏在富裕生活中的危机——征服自然带来的资源和环境危机。1963年，卡逊（R. Carson）出版了《寂寞的春天》，指出了滥用农药给环境带来的危害，引起了广泛争论。1970年，美国参议员纳尔逊（G. Nelson）和大学生海斯（D. Hayes）建议设立"地球日"，以表达公众对环境问题的关注，并由此掀起了民间绿色运动的浪潮。1972年，罗马俱乐部的《增长的极限》一书正式问世，提出了"零增长"发展观。虽然对这种发展观有许多批评，但它首次唤起了人们对高生产、高消耗、高消费、高排放的经济发展模式的认真反思。由此引出了大家对可持续发展的思考①。

今天，发达国家的环境质量明显好于发展中国家。从历史上看，不少发达国家经历了一个环境质量先恶化，然后随着经济发展逐渐好转的过程。据此，有人提出了一个假说：环境破坏与经济增长之间呈倒 U 型关系，即"环境库兹涅茨曲线"。这个假说的具体内容是，在经济发展初期，由于经济活动规模不断扩大，废弃物的排放量不断增加，导致环境恶化。到达一定的收入水平（人均 4 000 ~ 5 000 美元）以后，各种因素的综合作用将使环境质量逐渐好转。这些因素包括：富裕了的消费者对环境质量提出更高的要求；技术进步能使企业减少污染物的排放；政府也将在公众的压力下实施更严格的环境标准。

环境质量和经济增长的这种关系在理论上说得通，那么在现实中是否成立呢？许多学者对此进行了研究。验证这一假说的困难首先在于，由于环境所包含的内容很广，用单一的指标来衡量环境破坏程度是十分困难的。因此，实证研究只能致力于揭示环境质量的某一方面与经济增长之间的关系。研究结果表明，环境质量的不同方面与经济增长之间可能存在三种关系：一些环境问题会随经济增长水平的提高而呈现不断好转的趋势，如得不到清洁饮用水和卫生设备的人数总是越来越少；一些环境污染与经济增长水平呈倒 U 型关系，如城市灰尘、二氧化硫；还有一些环境问题一直在随发展水平的提高而恶化，至今也没有出现好转的迹象，如温室效应。可见，环境质量与经济发展水平之间的关系十分复杂，不是一条简单的倒 U 型曲线所能概括的。

不仅如此，由于"环境库兹涅茨曲线"完全是从发达国家经济发展史中得出的一种假说，它容易给发展中国家造成误导，似乎环境问题只是经济发展到一定阶段的现象，等达到更高的发展水平以后就会迎刃而解，所以尽可以"先污染，后治理"。要知道，发达国家曾经为环境破坏付出过巨大代价，发展中国家不应再重复他们的老路。而且，发达国家环境质量改善在一定程度上是建立在发展中国家环境质量恶化的基础上的，如有些发达国家为了保护本国森林资源而从发展中国家大量进口木材，可是将来发展中国家却无法再把环境问题转嫁出去。更重要的事，环境破坏积累到一定程度就会引起无法逆转的严重后果。许多环境问题具有全球性，发达国家在过去几百年中欠下的环境"债务"现在

---

① 胡乃武、金暗：《国外经济增长理论比较研究》，中国人民大学出版社 1990 年版。

已经到了必须偿还的地步。发展中国家必须正视这个现实。因此决不能将环境保护与经济发展割裂开，要在经济发展过程中解决环境和生态问题。而能源消费是当前环境污染的首要"元凶"，以上提及的城市灰尘、二氧化硫、温室效应几乎都是能源消费带来的。因此为了经济的可持续发展，在发展能源工业，提升能源消费，促进经济增长的同时必须结合现行技术水平考虑环境问题①。

二、能源消费与二氧化碳排放国际比较

中国大气环境污染主要以煤烟型污染为主，主要污染物是二氧化碳、烟尘和氮氧化物，这与中国以煤炭为主要能源的能源消费结构密切相关。从第三章的图3-2可以清楚看出，2018年中国煤炭消费量占总能源消费量的59%左右，但近年来一直呈下降趋势。石油是中国消费的第二大能源，占到总消费量的19%左右，并有上升趋势。天然气、水电、核电、风电等占的比例较小，但其消费量在逐年提高。我国使用的煤炭质量参差不齐，因此以煤炭为主的能源消费必然带来比较严重的环境污染。中国近几年来能源消费状况及主要大气污染物排放情况见表5-1。

表5-1　中国2007~2017年能源消费与大气污染物排放量

年份	能源消费（万吨标准煤）	二氧化硫排放（吨）	烟尘排放（吨）	单位GDP能耗（吨标煤/万元）	单位GDP的二氧化硫排放（吨/万元）	单位GDP烟尘排放（吨/万元）
2007	311 442	24 680 000	9 866 000	6.2045	0.0492	0.0197
2008	320 611	23 210 000	9 016 000	5.8224	0.0422	0.0164
2009	336 126	22 140 000	8 477 000	5.5797	0.0368	0.0141
2010	360 648	21 850 000	8 291 000	5.4130	0.0328	0.0124
2011	387 043	22 179 082	12 788 255	5.3003	0.0304	0.0175
2012	402 138	21 180 000	12 357 748	5.1038	0.0269	0.0157
2013	416 913	20 439 000	12 781 411	4.9085	0.0241	0.0150

---

① 齐良书：《发展经济学》，中国发展出版社2002年版。

续表

年份	能源消费（万吨标准煤）	二氧化硫排放（吨）	烟尘排放（吨）	单位GDP能耗（吨标煤/万元）	单位GDP的二氧化硫排放（吨/万元）	单位GDP烟尘排放（吨/万元）
2014	425 806	19 744 000	17 407 508	4.6721	0.0217	0.0191
2015	429 905	18 591 000	15 380 133	4.4126	0.0191	0.0158
2016	435 819	11 028 643	10 106 627	4.1924	0.0106	0.0097
2017	448 529	8 753 976	7 962 643	4.0400	0.0079	0.0072

资料来源：根据历年《中国统计年鉴》计算整理，GDP为按1952年价计算。

由表5-1可知，中国单位GDP能耗在2007年达到一个峰值后，以后逐年下降，能源利用效率逐步提高。单位GDP的二氧化硫与烟尘排放量也逐年递减，一方面说明我国加大了污染治理力度，另一方面也与能源结构调整有关。但2007年以来，随着经济的快速发展，能源消费总量持续上升，2017年能源消费达到了448 529万吨标准煤。

根据近年来的统计，中国二氧化硫与烟尘排放量随能源消费总量的上升而上升，大气污染物排放量与能源消费量呈高度正相关关系。这表明，中国大气污染与能源消费有着直接的关系。改变能源结构，采用清洁能源，提高能源利用效率，对改善大气环境至关重要。但是，由于煤炭消费总量的持续增长，大气污染物排放总量依然维持在较高的水平。

中国、美国、印度、俄罗斯等国是世界能源消耗大国，其一次能源消耗占世界一次能源总消耗的50%左右。2002年中国煤炭消费占世界煤炭消费的26.2%，而石油、天然气等能源消耗比例很小，说明中国能源消费结构不合理，与世界很多国家还存在较大的差距。从世界的角度看，美国是世界上第二大能源消费国，石油和天然气占据了美国能源消费的主要部分。以2002年为例，美国能源消费构成中，石油占39.0%，天然气占26.2%，煤炭占24.2%，核能占8.1%，水力发电占2.5%。美国的石油主要依靠进口，天然气中一部分来自加拿大。

以化石燃料为主的能源消费结构，必然带来严重的环境污染。由于二氧化硫大量排放，导致酸雨现象频繁发生；二氧化碳大量排放，导致温室效应出现。这一系列的全球环境问题，都与能源的消费密不可分。2015年世界和部分国家能源使用与排放情况比较见表 5-2。

表 5-2　能源使用与二氧化碳排放量的国际比较（2015 年）

	一次能源消费量（百万吨油当量）	二氧化碳排放量（百万吨 CO_2）	人均能耗（吉焦/人）	能耗强度（吨油当量/万美元）	排放强度（吨/万美元）
世界	13 045.6	32 804.4	74	1.7486	4.3970
中国	3 009.6	9 174.6	90.2	2.7200	8.2918
印度	689.8	2 147.8	22.1	3.2664	10.1705
日本	453.3	1 197.4	148.3	1.0342	2.7319
美国	2 213.2	5 153.7	289.6	1.2271	2.8574
俄罗斯	675.4	1 489.5	196.5	4.9447	10.9049
英国	195.1	438.4	124.9	0.6819	1.5323
德国	322.5	751.9	165.3	0.9588	2.2354
法国	238.4	310.5	157.1	0.9796	1.2759

资料来源：2019 年《BP 世界能源统计年鉴》及 2018 年《国际统计年鉴》。

从表 5-2 可以看出，中国能源消费总量很高，但人均消费量较低；与世界水平相比，2015 年度中国人均能耗为 90.2 吉焦/人，高出世界平均水平 16.2 吉焦/人；与经济发达的日本相比，约为其 60.8%；与美国比，约为其 31.1%。

第二节　经济增长、能源消费与碳排放的关系

改革开放以来，我国经济增长的速度达到了年均 8% 以上，但环境恶化的程度也越来越严重。2017 年，环境污染治理投资总额达到了 9 539 亿元，占当年国内生产总值的 1.16%。这说明经济增长带来了环境问题，而环境对经济增长的制约也越来越明显。下面主要以大气污染物二氧化碳的排放为例，具体说明经济增长、能源消费与生态环境之间的关系。

科学研究证明,二氧化碳的排放主要是由于能源大量消费特别是煤炭的消费造成的。要减少二氧化碳的排放,现阶段比较现实可行的途径有两个:一个是能源转换,如将煤炭液化、改烧煤为烧油,从而减少能源消费过程中污染物质的排放;二是减少能源本身的消耗,即通过节能来实现。在此,引入时间概念,将李长明(1997)[①]对这一关系作出描述的方程式进一步显性化如下:

$$(CO_2)_t = ((CO_2)_t/EC_t) \times (EC_t/GDP_t) \times GDP_t \qquad (5.1)$$

式(5.1)中,CO_2代表二氧化碳排放量,EC代表能源消费量,t为所处的时间状态。再将式中$(CO_2)_t$记为Y_t;$(CO_2)_t/EC_t$写为X_t,即代表能源转换效果;(EC_t/GDP_t)写为Z_t,表示的是节能效果。则有:

$$\ln Y_t = \ln X_t + \ln Z_t + \ln GDP_t \qquad (5.2)$$

或:
$$dY_t/Y_t = dX_t/X_t + dZ_t/Z_t + d(GDP_t)/GDP_t \qquad (5.3)$$

式(5.2)和式(5.3)定量地表示出了二氧化碳、能源与经济增长之间的关系。例如,根据式(5.3),设我国第t年的能源转换效果为-0.5%,节能效果为-0.5%,经济增长率为2%,则由上式可得二氧化碳排放将以1.0%的速度增加。这样根据该关系式就可以预测温室气体二氧化碳的排放量。

第三节 经济增长—能源消费—碳排放分析模型

下面将进一步通过建立向量自回归(VAR)模型来实证研究二氧化碳排放、能源消费与经济增长之间的动态演变规律。

一、能源消费—经济增长—碳排放系统 VAR 模型的构建

式(5.2)、式(5.3)给出了理想状态下二氧化碳排放、能源消费与经济增

[①] 李长明:《经济增长、能源与生态环境》,载于《中国工业经济》1997年第8期。

长之间的量化关系。这一反映它们之间关系的简单方程式为下面进一步建立能源消费—经济增长—二氧化碳排放系统的计量经济模型提供了理论依据。

依据式（5.1）和向量自回归建模原理，我们可将能源消费—经济增长—二氧化碳排放系统的 VAR 模型表示成如下形式：

$$\begin{cases} f(X_t) = M'\alpha_1 + \varepsilon_{1t} \\ f(Y_t) = M'\alpha_2 + \varepsilon_{2t} \\ f(Z_t) = M'\alpha_3 + \varepsilon_{3t} \\ f(GDP_t) = M'\alpha_4 + \varepsilon_{4t} \end{cases} \quad (5.4)$$

$$M' = [1, f(GDP_{t-1}), \cdots, f(GDP_{t-\tau}), f(X_{t-1}), \cdots, f(X_{t-\tau}),$$
$$f(Y_{t-1}), \cdots, f(Y_{t-\tau}), f(Z_{t-1}), \cdots, f(Z_{t-\tau})] \quad (5.5)$$

式（5.4）和式（5.5）中，f 为函数，τ 为滞后步长，α_i 为 $(4\tau+1)\times 1$ 自回归系数向量。从经济意义来看，这四个变量之间是相互影响、相互制约的，故将这四个变量都作为内生变量来建立向量自回归模型是合理的。

二、实证分析

（一）数据来源及处理

从式（5.1）可知，能源转换效果即为单位能耗的废气排量，而节能效果即为单位 GDP 的能源消费量。于是，根据式（5.4）和式（5.5），通过利用 1986~2006 年我国二氧化碳排放量、能源消费总量和 1952 年价 GDP 的数据（见表 5-3）建立 VAR 模型。为消除数量级差异，在此分别对 GDP 与 Y 取对数（分别记为 lnGDP 和 lnY）。然后将上述变量作为内生变量，常数项作为外生变量在 EViews 软件中构建无约束 VAR 模型。建模中当滞后期取 2 时 AIC 和 SC 的值都最小（分别为 -8.4874 和 -6.6979），故无需再考虑用 LR 检验进行滞后期的取舍[①]。最后，所建 VAR 模型各方程和整体的检验结果分别见表 5-4 和表 5-5。

---

① 易丹辉：《数据分析与 EViews 应用》，中国统计出版社 2002 年版。

表5-3　我国1986~2006年能源消费量、二氧化碳排放量及GDP数据

年份	Y （千吨）	EC （万吨标准煤）	GDP （亿元）	碳排放强度 （吨/万元）
1998	3 116 946.48	136 184	20 937.1	14.89
1999	2 825 024.61	140 569	22 549.2	12.53
2000	2 790 451.1	146 964	24 465.9	11.41
2001	3 179 144.51	155 547	26 496.6	12.00
2002	3 460 083.30	169 577	28 907.8	11.97
2003	4 005 309.96	197 083	31 798.6	12.60
2004	4 732 260.21	230 281	35 010.2	13.52
2005	5 229 399.04	261 369	39 001.4	13.41
2006	6 661 600	286 467	43 954.5	15.16
2007	7 223 900	311 442	50 196.1	14.39
2008	7 378 500	320 611	55 065.1	13.40
2009	7 708 800	336 126	60 241.2	12.80
2010	8 135 200	360 648	66 626.8	12.21
2011	8 805 800	387 043	73 023.0	12.06
2012	8 991 500	402 138	78 791.8	11.41
2013	9 237 700	416 913	84 937.5	10.88
2014	9 223 700	425 806	91 138.0	10.12
2015	9 174 600	429 905	97 426.5	9.42
2016	9 119 000	435 819	103 954.1	8.77
2017	9 229 800	448 529.1	111 023.0	8.31
2018	9 428 700	464 000	118 350.5	7.97

资料来源：《中国统计年鉴》及《BP世界能源统计年鉴》。其中，Y为二氧化碳排放量，EC为能源消费量。

对表5-3中数据按式（5.1）、式（5.2）进行变换，生成lnY、X、Z、lnGDP数据，见表5-4。

表5-4　1998~2018年lnY、X、Z、lnGDP数据

年份	lnY	X	Z	lnGDP
1998	14.9524	22.8878	6.5044	9.9493
1999	14.8540	20.0971	6.2339	10.0235

续表

年份	lnY	X	Z	lnGDP
2000	14.8417	18.9873	6.0069	10.1050
2001	14.9721	20.4385	5.8705	10.1848
2002	15.0568	20.4042	5.8661	10.2719
2003	15.2031	20.3230	6.1979	10.3672
2004	15.3699	20.5499	6.5775	10.4634
2005	15.4698	20.0077	6.7015	10.5714
2006	15.7119	23.2543	6.5174	10.6909
2007	15.7929	23.1950	6.2045	10.8237
2008	15.8141	23.0139	5.8224	10.9163
2009	15.8579	22.9343	5.5797	11.0061
2010	15.9117	22.5572	5.4130	11.1069
2011	15.9909	22.7515	5.3003	11.1985
2012	16.0118	22.3592	5.1038	11.2746
2013	16.0388	22.1574	4.9085	11.3497
2014	16.0373	21.6617	4.6721	11.4201
2015	16.0319	21.3410	4.4126	11.4869
2016	16.0259	20.9238	4.1924	11.5517
2017	16.0379	20.5779	4.0400	11.6175
2018	16.0593	20.3205	3.9206	11.6814

（二）单位根检验

对序列 lnY、X、Z、lnGDP 用 ADF 检验方法，结果见表 5-5。

表 5-5　　　　　　　　ADF 单位根检验结果

序列	检验形式	AIC	ADF 统计量	1%临界值	5%临界值	结论
lnY	(c, t, 0)	-2.1472	-0.2380	-4.4983	-3.6584	非平稳
X	(c, t, 0)	-3.3636	-2.8737	-4.3393	-3.5875	非平稳
Z	(c, t, 0)	3.0306	-2.1395	-4.4983	-3.6584	非平稳
lnGDP	(c, t, 1)	-5.9674	-1.0994	-4.5326	-3.6736	非平稳

续表

序列	检验形式	AIC	ADF 统计量	1% 临界值	5% 临界值	结论
ΔlnY	(c, t, 0)	-2.8872	-3.8587	-4.5326	-3.6736	5%下平稳
ΔX	(c, t, 0)	2.8743	-4.9996	-4.5326	-3.6736	1%下平稳
ΔZ	(c, t, 1)	-1.8237	-4.4263	-4.5716	-3.6908	5%下平稳
ΔlnGDP	(c, t, 0)	-5.9952	-1.9891	-4.5326	-3.6736	非平稳
Δ^2lnGDP	(c, 0)	-5.7562	-4.1022	-3.8574	-3.0404	1%下平稳

注：(c, t, 1) 含义：c 代表常数项，t 代表时间趋势项，1 代表滞后一期。

由表 5-5 可知，序列 lnY、X、Z、ΔlnGDP 在 5% 下均为一阶单整，下面检验它们之间是否存在协整关系。

(三) 协整检验

以 lnY 为因变量，X、Z、ΔlnGDP 为自变量，建立回归模型，估计结果如下：

$$\hat{\ln Y} = 14.2441 + 0.1532X - 0.4773Z + 8.6244\Delta\ln GDP$$

$$Se = (0.9900)\ (0.0441)\ (0.0893)\ (4.6276)$$

$$R^2 = 0.8557 \quad F = 31.6170$$

根据残差 $e = \ln Y - \hat{\ln Y}$，计算出残差 e，检验其平稳性，结果如表 5-6 所示：

表 5-6　　　　　残差 e 的平稳性检验结果

		ADF 统计量	P 值*	结论
扩展的迪克—富勒检验统计量		-3.883661	0.0006	1%下平稳
检验临界值	1% 水平	-2.699769		
	5% 水平	-1.961409		
	10% 水平	-1.606610		

注：* 表示 Mackinnon (1996) one-sided p-values [麦金农 (1996) 单侧 P 值]。

由表 5-6 可知，残差 e 是平稳的，故 lnY、X、Z、ΔlnGDP 之间存在协整关系。

（四）建立 VAR 模型

根据 AIC、SC 等准则确定滞后阶数，结果见表 5-7：

表 5-7　　　　　　　　　VAR 模型滞后阶数选择

Lag	logL	LR	FPE	AIC	SC	HQ
0	17.14297	NA	2.73e-06	-1.460330	-1.262469	-1.433047
1	146.2968	186.5556	1.00e-11	-14.03298	-13.04368	-13.89657
2	192.2792	45.98233*	5.01e-13*	-17.36435*	-15.58361*	-17.11881*

注：* 表示 indicates lag order selected by the criterion（表示由准则选择的滞后阶数）。

由表 5-7 可知，AIC、SC、HQ、LR、FPE 五个统计量在变量选择上都倾向于建立滞后 2 阶的 VAR 模型，这里，我们确定模型为 VRA(2)。

利用 EViews 软件进行估计，将参数结果写成矩阵形式，即得 VAR 模型如下：

$$\hat{M}_t = \begin{bmatrix} 4.89 & -0.23 & -0.55 & -3.53 \\ 122.17 & -6.09 & -21.10 & -116.59 \\ -8.40 & 0.48 & 3.02 & 8.11 \\ -0.65 & 0.04 & 0.14 & 0.72 \end{bmatrix} M_{t-1}$$

$$+ \begin{bmatrix} -3.80 & 0.18 & 0.62 & -0.64 \\ -117.51 & 5.59 & 22.97 & -15.10 \\ 7.54 & -0.32 & -2.33 & 2.02 \\ 0.66 & -0.04 & -0.11 & -0.23 \end{bmatrix} M_{t-2}$$

$$+ \begin{bmatrix} -0.71 \\ -49.85 \\ 11.44 \\ -0.31 \end{bmatrix} \quad (5.6)$$

其中，$\hat{M} = [\ln\hat{Y} \; \hat{X} \; \hat{Z} \; \Delta\ln\hat{GDP}]'$

模型平稳性检验见图 5-1，各方程及模型整体的拟合结果分别见表 5-8、表 5-9。

自回归模型特征方程根的倒数

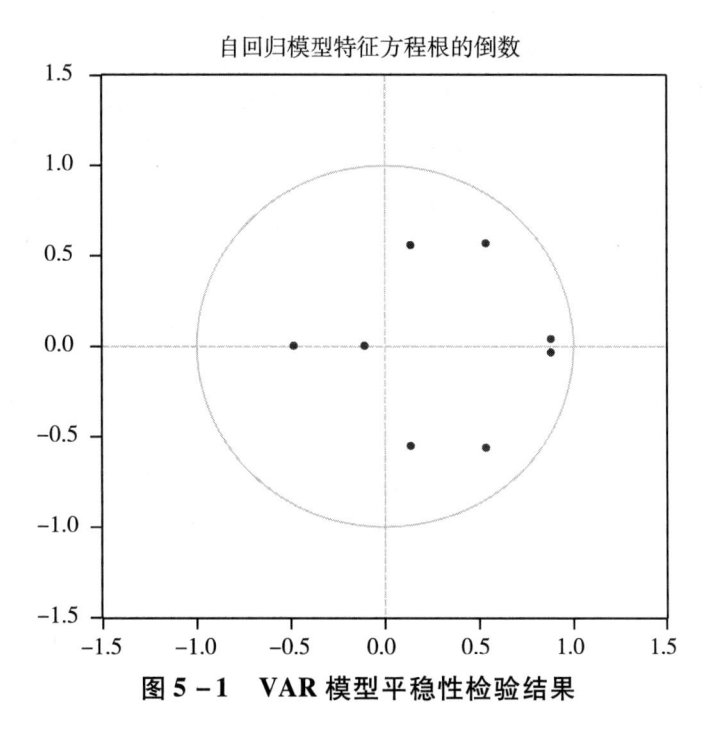

图 5-1　VAR 模型平稳性检验结果

表 5-8　VAR 模型各方程检验结果

	LNY	X	Z	LNGDP
判定系数 R^2	0.993912	0.906075	0.995903	0.903660
调整的判定系数	0.988500	0.822586	0.992262	0.818024
残差平方和	0.013875	2.202265	0.055726	0.000623
回归方程的标准误	0.039263	0.494668	0.078688	0.008320
F-统计量	183.6572	10.85266	273.4838	10.55234
对数似然函数	38.97178	-6.632926	26.45824	66.90192
赤池信息准则	-3.330197	1.736992	-1.939804	-6.433547
施瓦茨准则	-2.885011	2.182178	-1.494618	-5.988361
因变量均值	15.74411	21.59839	5.405589	0.087576
因变量标准差	0.366132	1.174411	0.894510	0.019503

表 5-9　VAR 模型整体检验结果

残差协方差矩阵的行列式（自由度调整）	9.90E-14
残差协方差矩阵的行列式	6.19E-15
对数似然函数	192.2792
赤池信息准则	-17.36435
施瓦茨准则	-15.58361

由图 5-1 可知，此 VAR 模型特征方程的根的倒数均在单位圆内，故该模型是平稳的。另外从表 5-8、表 5-9 的结果来看，模型整体估计效果很好，拟合程度很高，这样就可以利用所建模型来进行动态预测，以刻画各序列未来的变化趋势。在此，预测样本外 12 年的值，利用所建 VAR 模型对序列 lnY 和 lnGDP 分别进行预测（见图 5-2 和图 5-3）。另外，也分别以动态和静态方法计算出了两序列在样本期内的模拟值，以检验动态模拟结果的精度和所建模型对实际值的拟合能力（见图 5-4～图 5-7）。

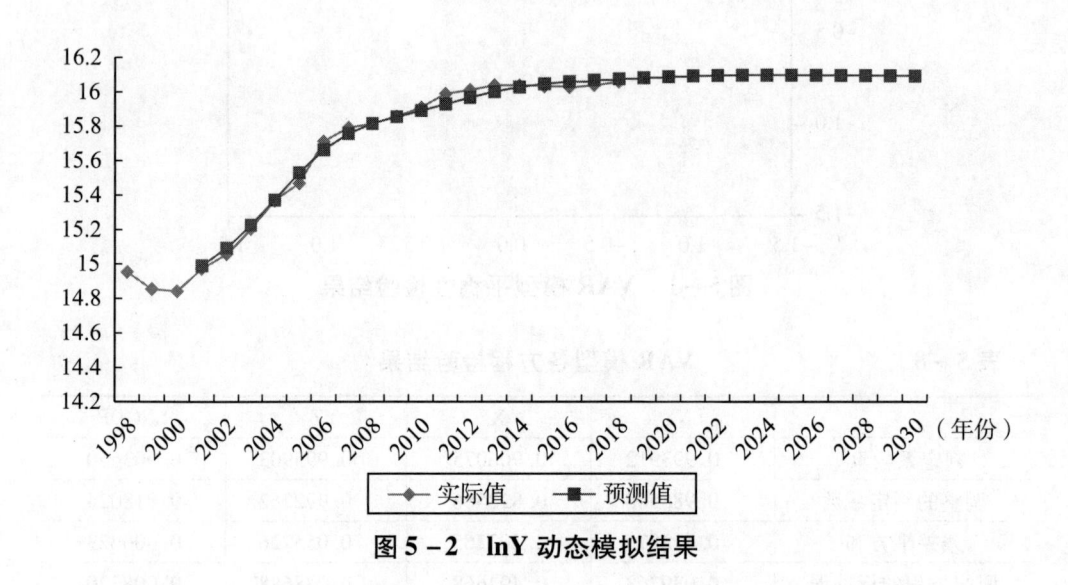

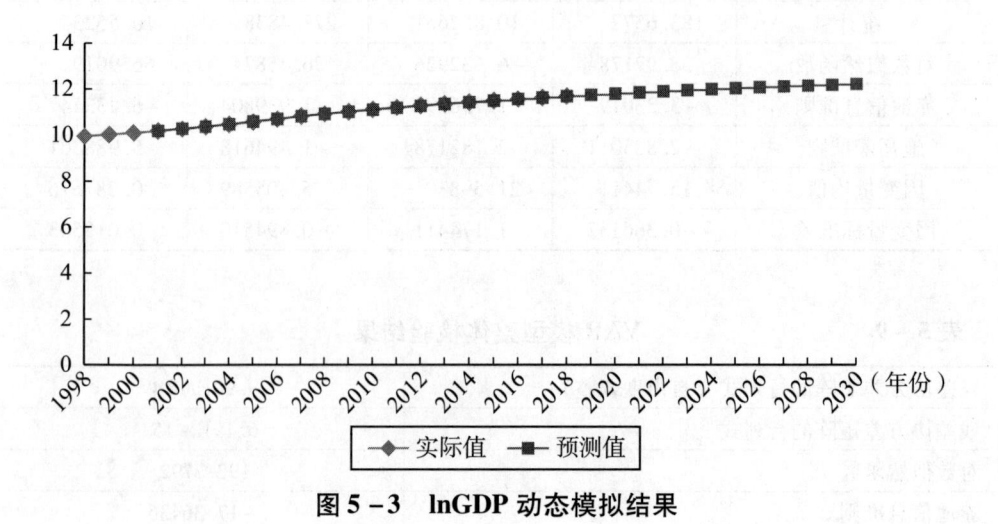

图 5-2　lnY 动态模拟结果

图 5-3　lnGDP 动态模拟结果

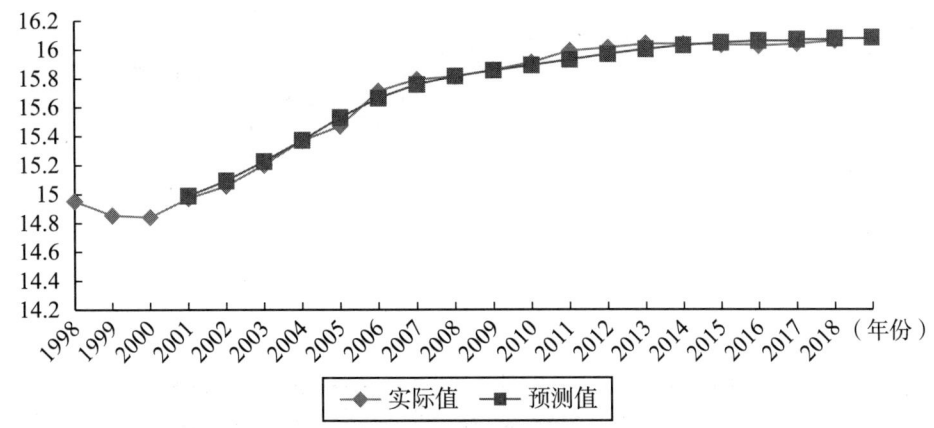

图 5-4　lnY 在样本期内的动态模拟结果

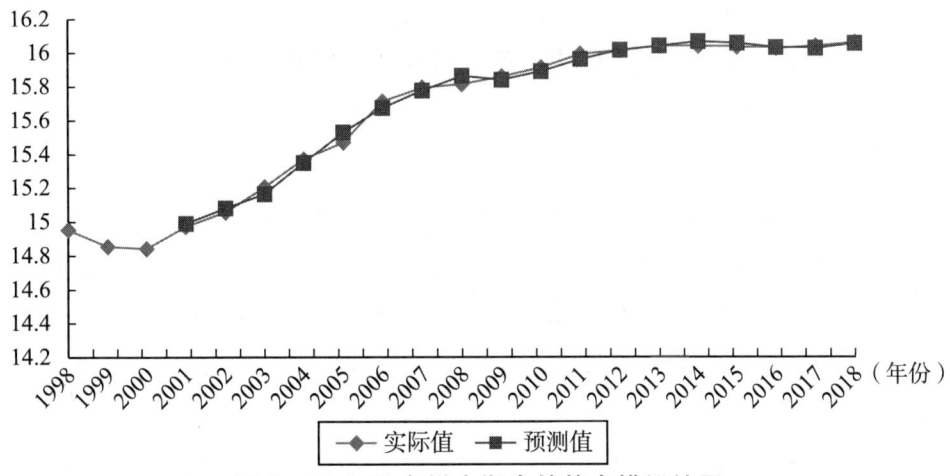

图 5-5　lnY 在样本期内的静态模拟结果

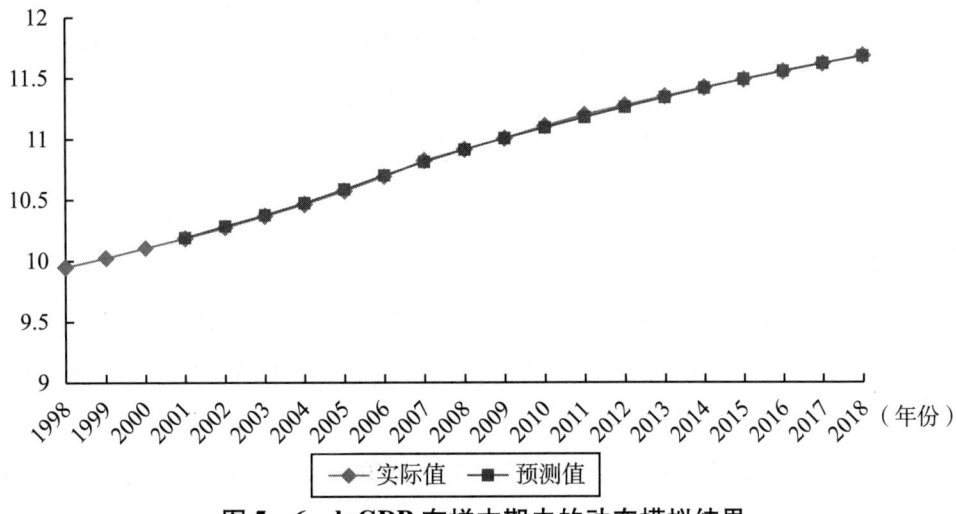

图 5-6　lnGDP 在样本期内的动态模拟结果

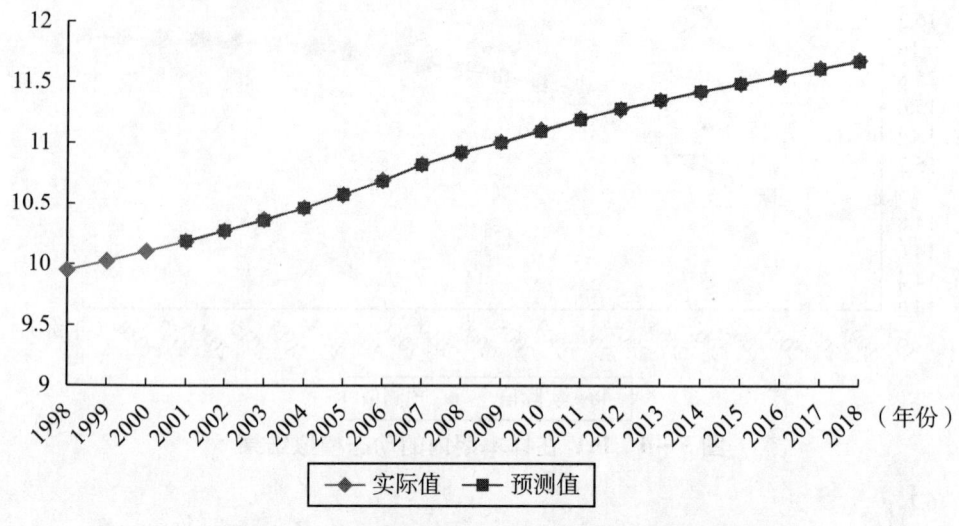

图 5-7　lnGDP 在样本期内的静态模拟结果

分别对比图 5-4～图 5-7 可得出以下两个结论：一是静态模拟结果要略好于动态模拟结果，但两者相差不大，说明动态模拟结果能较好地刻画序列的短期波动，随着时间推移，误差会累积，导致其在中长期的预测能力会下降；二是尽管动态模拟结果的中长期预测能力有所下降，但基本反映了序列的变化趋势，所以可由动态预测对样本期以外数据进行外推预测。再由图 5-2 进行外推预测可知，在新发展观理念的指引下，碳排放的增长态势得到遏制，经模型测算，碳排放将在 2023 年前后达到峰值，完全能实现我国政府承诺的"2030 年碳排放总量达峰并尽早达峰"的减排目标，充分体现了我国所倡导的共同建设美丽地球家园，共同建设人类命运共同体的发展理念。当然我们应充分认识到碳减排的艰巨性与紧迫性，即充分开发新能源，倡导绿色低碳出行，调整经济结构，转变经济发展方式，是实现经济持续健康、高质量发展的必然选择。

（五）进一步分析

由表 5-3 中二氧化碳及 GDP 数据，计算碳排放强度，结果列于表 5-3 中最后一列。观察碳排放强度数据，容易看出，我国碳排放强度逐年下降。2005 年碳排放强度为 13.41 吨二氧化碳/万元，2018 年降低到 7.97 吨二氧化碳/万元，比 2005 年下降 40.6%，提前两年完成"2020 年单位 GDP 碳排放量比 2005 年下降 40%～45%"的承诺。

第六章
研究结论与建议

第一节 主 要 结 论

一、能源消费中煤炭占比逐年降低,能源结构持续优化

统计分析表明,我国能源消费中煤炭占比逐年降低,能源结构持续优化。我国社会经济发展已进入到一个新的发展阶段,同时经济结构与能源结构调整已取得初步成效,能源利用效率也不断得到提高。如我国每亿元GDP的能耗从1978年的14.36万吨标准煤下降到2018年的1.07万吨标准煤,能源利用效率在这20多年内提高了10倍多。造成这一现状的很大一部分原因就在于我国能源结构的不合理。目前我国能源结构仍以煤炭为主,煤炭在能源构成中始终占据主要地位,但能源结构已有很大改观,煤炭占比逐年下降,至2018年我国的一次能源消费构成中,虽然煤炭仍占据了很大一部分比例,但已降至占一次能源消费总量的59%左右。近几年来我国能源效率明显提高,2015年相关统计数据表明,我国能源消费强度比世界平均水平约高出50%,比发达国家,如美国、日本约高出1倍,与发达国家差距越来越小。中国受能源生产结构制约,能源结构长期存在的过度依赖煤炭的问题可能还会持续一段时间,但情况正在逐步得到改善。能源结构的不合理对我国能源消费总量影响很大,有关研究表明,从目前到2020年这一时期,能源消费结构中煤炭所占的比重每下降1个百分点,相应能源需求总量就可降低1 000多万吨标准煤。因此,未来应充分利用能源结构优化所产生的节能效果。

二、经济增长和能源消费之间存在协整关系

经济增长与能源消费的关系只能从长期趋势中得出经验性的数据,很难从理论上找出二者的绝对数量关系。也就是说经济增长与能源消费的关系不是绝

对的，不同国家以及同一国家不同时期的能源消费弹性系数都会因某些因素的影响发生变化。无论是发展中国家还是发达国家，能源消费量都与经济水平有极其密切的关系，一般能源消费总量随经济水平的提高而不断增加，但其增速与经济水平成反比。即在经济水平较低时，经济系统为资源密集型经济，亦可称为高能耗型经济，经济增长基本上依靠资源消费来推动，能源利用效率较低，能源消费量增加的速度较快；当经济水平提高到一定程度后，经济系统转变为技术密集型经济，亦称为低能耗型经济，经济增长主要依靠技术水平的提高来推动，能源利用效率较高，能源消费量增加的速度较慢。考察我国能源消费与经济增长关系，在分析的样本期内，从长期来看，GDP每增长1%，能源消费量将平均增长0.62%；短期来看，能源消费水平可能会偏离长期均衡值，但在经济系统的作用下，10.81%的偏离长期均衡部分会在短期之内得到调整，于是能源消费量不会偏离长期均衡值太远。

三、样本期内经济增长与能源消费呈单向格兰杰因果关系

本书研究经济增长与能源消费关系时，选取的是改革开放后我国的经济数据，样本期为1978~2018年，格兰杰因果关系检验的结果是经济增长是能源消费的格兰杰原因，但能源消费不是经济增长的格兰杰原因，即经济增长与能源消费呈异向格兰杰因果关系。结合我国经济实际情况，目前，我国经济发展正坚定不移地贯彻创新、协调、绿色、开放、共享的发展理念，重视生态文明建设，推进能源生产和消费革命，构建清洁低碳、安全高效的能源体系。在这样的背景下，我国积极改善能源消费结构，逐年降低煤炭消费的比例，经济增长动能处于新旧动能转换期，经济增长方式正从投资拉动向消费拉动转变，经济增长并不是靠增加资源消耗取得。反观经济的增长会带来能源消费的增长，但能源弹性系数是小于1的，这说明能源的增长速度要慢于经济增长的速度，这正是能源效率正在提高的表现。

经济增长会带动能源消费的增长，这要求我们必须加强能源建设，建立健全绿色低碳循环发展的经济体系。构建市场导向的绿色技术创新体系，发展绿色金融，壮大节能环保产业、清洁生产产业、清洁能源产业。

四、实现减排承诺，推进绿色发展

对我国能源环境现状的分析表明：我国在注重经济发展的同时，在能源结构调整和污染治理方面也取得了显著成就；但我国人均能源消费量与经济发达国家相比仍存在很大差距，是世界上二氧化碳排放量大国之一。本书通过建立能源消费、经济增长与二氧化碳排放量的 VAR 模型，进一步对它们之间的动态变化规律进行了实证研究。动态模拟的结果表明：在新发展观理念的指引下，绿色低碳循环发展的经济体系建设初见成效，我国碳排放的增长态势得到遏制，经测算，碳排放将在 2023 年前后达到峰值，然后缓慢下降，完全能实现我国政府作出的"2030 年碳排放总量达峰并尽早达峰"的减排承诺。这充分体现了我国所倡导的共建美丽地球家园，共建人类命运共同体的发展理念。

我国作为碳排放大国的现实情况说明了我们应实施可持续能源与环境发展政策的重要性和迫切性。实现能源与环境的协调发展，必须要长期实施节能优先战略，加快能源结构优化进程，大力发展环境友好能源，推行农村能源的可持续发展。在实施能源与环境发展战略的同时，应加快能源环境保护的科学技术进步，利用高新和实用技术综合削减能源活动产生的环境污染，减缓能源发展对全球气候变化的影响。利用环境标准推动能源技术进步，全面实施污染物综合削减政策，并运用市场手段促进能源可持续发展，推行能源活动环境成本的内部化，利用市场机制构建绿色技术创新体系，降低污染削减成本。

第二节 对策与建议

一、优化能源供给结构，加快能源工业的协调发展

我国虽然是个能源生产大国，但能源的供给仍不能满足经济增长对能源的

需求。能源的供给结构影响能源的消费结构，在供给总量不足的同时，能源的供需结构矛盾也日益突出，高质量（高热值、低污染、易转换、易运输）能源严重短缺。根据我国以煤为主的能源资源禀赋，应科学规划煤炭开发布局，有效开发利用煤层气。因此，一方面我们要依靠科技进步，挖掘资源潜力，大力发展能源工业，缓解能源供求总量矛盾；另一方面，要注意各类能源之间的比例调整，优化能源供给结构，积极发展太阳能、风能、核能等新能源。此外，在能源的开发利用过程中，应充分考虑生态环境的影响，推动煤炭安全绿色开采和煤电清洁高效发展，不能以片面、掠夺的方式来获得量上的增长，要重视可再生能源工业的成长，促进资源保护和可持续利用相统一，实现资源开发、保护与经济建设同步发展。

从长期趋势来看，由于对石油、天然气等优质能源消费增加迅速，将出现由需求侧推动的结构性变动。当前在居民生活用能领域和发达地区已出现较明显的结构变动，这就为能源结构的调整和优化提供了较好的市场基础。基于以上事实，在我国进行能源结构调整时，应逐步降低煤炭直接消费比例，加大国内油气勘探开发力度，依靠国内外资源满足国内市场对油气的基本需求，积极发展水电、风电、核电、光电和先进可再生能源，利用跨越式发展模式，在尽可能短的时间内，初步形成结构多元化的局面，使得优质能源的比例明显提高。

二、深化供给侧结构性改革，鼓励低碳发展，优化产业结构

一些发达国家的经验表明，他们在经历了传统工业化过程之后，清醒地认识到盲目发展高能耗工业所付出的代价是惨重的，因此，在制定产业及相关政策时，他们比以往任何时候都更加关注能源问题。我们可以借鉴发达国家的经验，政府借助税收、法律等手段约束和引导相关产业向低能耗、高能效的方向发展。对于高能耗的支柱性产业（如钢铁冶炼、加工），可以从政策上对使用节能型设备的企业予以鼓励和支持。比如依据单位产值能耗制定税收标准；对于能耗高的非支柱性产业，可以适当限制其发展规模，使产业结构朝着有利于可持续发展的方向调整。

为了维持能源经济的持续发展，我国必须深化供给侧结构性改革，加大产业结构调整力度，大力发展那些能耗比较低、附加值比较高的产业，提高供给体系质量。对于重工业的发展，要控制总量，通过技术进步，采用高新技术进行改造，以改善产品结构，增加高档产品，减少中低档产品，用品种质量的大幅提高取代低端产品在数量上的增加，这不仅可以降低重工业大幅增长的耗能速度，也能提高该行业的技术水平；对于外资项目，应引导外资向低能耗、高产值的行业进行投资，并力争取得一些技术含量较高的投资项目，改变我国以中低端制造为主的格局，迈向高尖端制造领域；对第三产业，实行激励性政策，鼓励第三产业的发展，提高第三产业在所有产业中的比重，在创造经济价值的同时减少能源消耗。充分考虑我国国情，走科技含量较高、能源消耗较低的新型产业化道路将是我国产业发展的必然选择。

三、完善碳交易，利用市场机制实现节能减排

碳交易是为促进全球温室气体减排，减少全球二氧化碳排放所采用的市场机制。联合国政府间气候变化专门委员会通过谈判，于 1992 年 5 月 9 日通过《联合国气候变化框架公约》（简称《公约》）。1997 年 12 月于日本京都通过了《公约》的第一个附加协议，即《京都议定书》（简称《议定书》）。《议定书》把市场机制作为解决以二氧化碳为代表的温室气体减排问题的新路径，即把二氧化碳排放权作为一种商品，从而形成了二氧化碳排放权的交易，简称碳交易。

所谓碳排放权交易，直观地说，就是将二氧化碳的排放权当成商品一样来买卖。交易前，政府首先确定当地减排总量，然后再将排放权以配额的方式发放给企业等市场主体，如此一来，虽然是有买有卖，但排放总量仍被控制在降低后的指标范围之内。交易市场建立后，碳排放额会成为一种被竞逐的资源，抬高碳排放的价格，从而倒逼排放主体节能减排。碳排放权作为一种重要的资源，其交易将激发各类排放主体和市场主体积极参与运作，从而以灵活的市场机制促进碳排放额合理配置，盘活"碳经济"。

四、深化行政体制改革，加强能源行业管理

目前，在一些能源消耗大国一般都有国家级的能源部门对全国的能源开发与消耗实施集中统一管理，我国国家级能源管理机构随着经济体制改革的发展也在不断优化重组。目前在国家层面既成立了高规格的国家能源委员会，又组建了由国家发展和改革委员会直属的国家能源局，能源行政体制改革已取得阶段性成果，但国家能源局在能源管理职责方面与有关部委存在职能交叉，相关管理职能涉及自然资源部、水利部、生态环境部等多个部门，导致行业管理不独立、决策效率较低等问题。国家应进一步深化行政体制改革，理顺能源行业管理体制，加快能源管理和监管体制创新，提高能源行政决策效率，更好地保障国家能源安全。

五、依靠节能降低能源消耗，提高能源利用率

要实现"两个一百年"的奋斗目标，实现中华民族伟大复兴的中国梦，未来一段时期，我国经济要保持持续健康、高质量的经济增长。经济的增长必然带动能源需求的增长，要在经济增长的同时降低化石类能源消费量所占的比重，除积极开发清洁环保的新能源外，提高能源使用效率、节能是根本之策。早在20世纪90年代，中国政府就提出了"坚持开发与节约并举，把节约放在首位"的能源发展方针，《中华人民共和国节约能源法》等法规也相应出台。在2005年讨论通过的《能源中长期发展规划纲要（2004~2020年）》（草案），第一次正式把节约能源放在首位，其意义重大。我国要依靠节能降低能源消耗，提高能源利用率，可以从以下几个方面入手。

1. 转变思想观念，强化节能意识

一个国家或地区的经济发展，在很大程度上取决于能源供应的状况。而能源供应紧张不仅是某一个国家的问题，而是世界的一个长期性的问题。为缓解能源供应紧张局面，一个国家的经济发展战略要立足于节能，用有限的资源保

证经济的可持续发展。所以，节能不仅是解决眼前能源紧张的临时性问题，还是保证经济发展必须长期坚持的一个战略问题。因此要解决能源短缺的问题，一定要树立科学发展观，发展节能产品，以节能求发展，用有限的资源创造最大的价值。

2. 要依靠技术进步，实现科技节能

要使节能工作实现突破，注意点滴节约是必要的，但是单纯靠"节衣缩食"式的方法是难以实现的。应该通过技术进步吸收和引进国际先进技术，实施技术改造，加大节能工作力度。国家应强化管理措施，并加大对能源科技创新的奖励力度。因为节能不仅是对局部有利，而且是宏观经济发展的需要，对节能工作有突出贡献的单位和个人，国家应给予适当奖励。

3. 调整消费结构，发展节能型产品

要保证国民经济的可持续发展，消费结构的调整势在必行。要通过调整消费结构对能源消耗高、污染严重的产品进行适当控制，而对于能源消耗低、发展潜力大的产品要加快发展。

4. 加强政策立法，大力宣传节能意识，倡导绿色低碳生活方式

在实践中，应该在政策上多制定一些节能的法规，约束人们的用能行为；制定一些产品制造的执行标准，督促企业制造节能型的用电设备；对于使用新技术实现能源节约的企业，给予政策上的奖励等等。同时，利用各种新闻媒体，如电视、广播、报纸以及网络等，加大节约能源的宣传力度，提高公民的节能意识，鼓励公民从自我做起，从小事做起，积少成多，倡导绿色低碳生活方式和消费文化，为节约能源贡献自己微薄的力量，这些将对节约能源意义重大。

六、推进绿色发展，构建清洁低碳、安全高效的能源体系

习近平总书记在党的十九大报告的第九部分"加快生态文明体制改革，建设美丽中国"中的推进绿色发展一节，三次提到能源问题，为新时代能源建设指明了方向。报告为我们指明了推进绿色发展的关键是：加快建立绿色生产和消费的法律制度和政策导向，建立健全绿色低碳循环发展的经济体系。并为建立健全绿色低碳循环发展的经济体系勾画了路线图，即"构建市场导向的绿色

技术创新体系，发展绿色金融，壮大节能环保产业、清洁生产产业、清洁能源产业；推进能源生产和消费革命，构建清洁低碳、安全高效的能源体系；推进资源全面节约和循环利用，实施国家节水行动，降低能耗、物耗，实现生产系统和生活系统循环链接；倡导简约适度、绿色低碳的生活方式，反对奢侈浪费和不合理消费，开展创建节约型机关、绿色家庭、绿色学校、绿色社区和绿色出行等行动"。从这里我们可以清晰地看到党的十九大对能源建设的要求，即壮大清洁能源产业，推进能源生产和消费革命，构建清洁低碳、安全高效的能源体系。这就要求能源生产企业实施供给侧结构性改革，降低煤炭等化石能源比例，提高水电、风电等清洁能源比重，大力发展清洁高效的新能源，提高能源供给质量。以"一带一路"建设为平台，推进绿色能源国际合作，搭建国际能源治理平台，促进各国绿色低碳发展，共建美丽家园。

参考文献

[1] 白仲林:《面板数据模型的设定、统计检验和新进展》,载于《统计与信息论坛》2010 年第 10 期。

[2] 贲兴振、杨宝臣:《中国能源消费和经济增长的协整关系分析》,载于《哈尔滨理工大学学报》2005 年第 4 期。

[3] 陈燕武、吴承业:《台湾地区经济增长和能源消费的单方向因果关系》,载于《华侨大学学报(自然版)》2011 年第 1 期。

[4] 丁占文、田立新、杨宏林:《东西部能源经济系统可持续发展博弈分析》,载于《数学的实践与认识》2005 年第 8 期。

[5] 范雪红、张意翔:《基于计量经济模型的能源消费与经济增长关系实证研究》,载于《理论月刊》2005 年第 12 期。

[6] 高铁梅:《计量经济分析方法与建模——EViews 应用及实例(第 2 版)》,清华大学出版社 2009 年版。

[7] [美] G. E. P. Box、[英] G. M. Jenkins:《时间序列分析》,中国统计出版社 1997 年版。

[8] 韩君、梁亚民:《趋势外推与 ARMA 组合的能源需求预测模型》,载于《兰州商学院学报》2005 年第 6 期。

[9] 韩智勇、魏一鸣、范英:《中国能源强度与经济结构变化特征研究》,载于《数理统计与管理》2004 年第 1 期。

[10] 胡望明:《建立环保节能型工业 促进经济可持续发展》,载于《科技进步与对策》2003 年第 12 期。

[11] 黄飞:《能源消费与国民经济发展的灰色关联分析》,载于《热能动力工程》2001 年第 1 期。

[12] 黄俊、周猛、王俊海:《ARMA 模型在我国能源消费预测中的应用》,载于《统计与决策》2004 年第 12 期。

[13] Hendry、秦朵：《动态经济计量学》，上海人民出版社1998年版。

[14] 贾康、苏京春：《胡焕庸线：从我国基本国情看"半壁压强型"环境压力与针对性能源、环境战略策略——供给管理的重大课题》，载于《财政研究》2015年第4期。

[15] 蒋金荷：《提高能源效率与经济结构调整的策略分析》，载于《数量经济技术经济研究》2004年第10期。

[16] 李福祥、刘琪琦、张霄怡：《经济增长、进出口贸易额、能源消费的动态关系研究——基于碳排放强度分组的省级面板VAR模型的实证分析》，载于《生态经济》2016年第9期。

[17] 李洁、赵彦云：《中日产业能源消费结构比较分析》，载于《中国统计》2004年第7期。

[18] 李金铠：《产业结构对能源消费的影响及实证分析——基于面板数据模型》，载于《统计与信息论坛》2008年第10期。

[19] 李金铠：《循环经济：能源消费与经济增长和谐发展的战略选择》，载于《财经论丛（浙江财经大学学报）》2005年第5期。

[20] 李连仲：《我国的能源安全与可持续发展》，载于《经济研究参考》2004年第75期。

[21] 李占风：《中国经济增长因素及特征分析》，湖北人民出版社2008年版。

[22] 李子奈、叶阿忠：《高等计量经济学》，清华大学出版社2000年版。

[23] 林伯强：《电力消费与中国经济增长：基于生产函数的研究》，载于《管理世界》2003年第11期。

[24] 林伯强：《节能减排：能源经济学理论和政策实践》，载于《国际石油经济》2008年第7期。

[25] 林伯强：《结构变化、效率改进与能源需求预测——以中国电力行业为例》，载于《经济研究》2003年第5期。

[26] 林伯强：《能源经济学理论与政策实践》，中国财政经济出版社2008年版。

[27] 林伯强：《中国能源需求的经济计量分析》，载于《统计研究》2001年第10期。

[28] 刘瑞翔、安同良：《资源环境约束下中国经济增长绩效变化趋势与因

素分析》，载于《经济研究》2012 年第 11 期。

[29] 刘卫东、陆大道等：《我国低碳经济发展框架与科学基础》，商务印书馆 2010 年版。

[30] 逯进、周惠民：《中国省域人力资本与经济增长耦合关系的实证分析》，载于《数量经济技术经济研究》2013 年第 9 期。

[31] 马舒曼、吕永波、韩晓雪：《我国能源消费与经济发展》，载于《能源研究与信息》2004 年第 1 期。

[32] 浦树柔：《三大领域节能前景》，载于《瞭望》2004 年第 18 期。

[33] Peter J. Brockwell and Richard A. Davis 著，田铮译：《时间序列的理论与方法（第二版）》，高等教育出版社 2001 年版。

[34] 汪秀丽：《中国的绿色电力发展》，载于《水利电力科技》2004 年第 2 期。

[35] 魏一鸣、吴刚、刘兰翠、范英：《能源—经济—环境复杂系统建模与应用进展》，载于《管理学报》2005 年第 2 期。

[36] 易丹辉：《数据分析与 EViews 应用》，中国统计出版社 2002 年版。

[37] 张明慧、李永峰：《论我国能源与经济增长关系》，载于《工业技术经济》2004 年第 4 期。

[38] 张晓峒：《EViews 使用指南与案例》，机械工业出版社 2007 年版。

[39] 赵丽霞、魏巍贤：《能源与经济增长模型研究》，载于《预测》1998 年第 6 期。

[40] 郑宇花、迟远英、李佳霖、宋宇：《"十三五"期间我国经济—能源—环境系统变量发展预测》，载于《工业技术经济》2016 年第 1 期。

[41] 中国环境与发展国际合作委员会能源战略与技术工作组：《能源与可持续发展》，中国环境科学出版社 2003 年版。

[42] 周伟、米红：《中国碳排放：国际比较与减排战略》，载于《资源科学》2010 年第 8 期。

[43] 朱成章：《能源效率及其计算》，载于《电力需求侧管理》2006 年第 3 期。

[44] 朱跃中：《我国能源与经济增长关系现状分析——刍议结构变化对能源消费的影响》，载于《经济研究参考》2002 年第 72 期。

[45] 邹伟进、刘爱新、柯昌英:《资源消耗与我国工业化的路径选择》,载于《理论月刊》2005 年第 3 期。

[46] [美] 邹至庄:《经济计量学》,中国友谊出版公司 1988 年版。

[47] Asafu – Adjaye J. The Relationship between Energy Consumption, Energy Prices and Economic Growth: Time Series Evidence from Asian Developing Countries [J]. *Energy Economics*, 2000, 22 (6): 615 – 625.

[48] Badi H Baltagi. *Econometric Analysis of Panel Data* [M]. John Wiley & Sons, Ltd. 2005.

[49] Benison, E F. Explanations of Declining Productivity Growth [J]. *Survey of Current Business*, August 1979: 1 – 24.

[50] Berndt E R. *Energy Price Increases and the Productivity Slowdown in United States Manufacturing* [M]. University of British Columbia, Department of Economics, 1980.

[51] Berndt E R. Energy Use, Technical Progress and Productivity Growth: A Survey of Economic Issues [J]. *Journal of Productivity Analysis*, 1990, 2 (1): 67 – 83.

[52] Brown S P A, Yücel M K. Energy Prices and Aggregate Economic Activity: an Interpretative Survey [J]. *The Quarterly Review of Economics and Finance*, 2002, 42 (2): 193 – 208.

[53] Cheng Hsiao. *Analysis of Panel Data* [M]. Peking University Press, 2005.

[54] Cheung Y W, Lai K S. Finite – Sample Sizes of Johansen's Likelihood Ratio Tests for Cointegration [J]. *Oxford Bulletin of Economics & Statistics*, 2010, 55 (3): 313 – 328.

[55] Chontanawat J, Hunt L C, Pierse R. *Causality between Energy Consumption and GDP: Evidence from 30 OECD and 78 non – OECD Countries* [R]. Surrey Energy Economics Centre (SEEC), School of Economics, University of Surrey, 2006.

[56] Cleveland C J, Costanza R, Hall C A S, et al. Energy and the US economy: a Biophysical Perspective [J]. *Science*, 1984, 225 (4665): 890 – 897.

[57] Cleveland C J, Kaufmann R K, Stern D I. Aggregation and the Role of Energy in the Economy [J]. *Ecological Economics*, 2000, 32 (2): 301 – 317.

[58] Daly H. Georgescu – Roegen Versus Solow/Stiglitz [J]. *Ecological Econom-*

ics, Vol. 22, 1997: 261 – 266.

[59] Dolado J J, Lütkepohl H. Making Wald Tests Work for Cointegrated VAR systems [J]. *Econometric Reviews*, 1996, 15 (4): 369 – 386.

[60] EIA (US Energy Information Administration). *Annual Energy Review* 2004 [R]. Report No. DOE/EIA – 0384 (2004), Washington, D. C., 2005.

[61] Engle R F, Granger C W J. Co-integration and Error Correction: Representation, Estimation, and Testing [J]. *Econometrica: Journal of the Econometric Society*, 1987: 251 – 276.

[62] Fatai, Oxley, Scrimgeour, et al. Modelling the Causal Relationship between Energy Consumption and GDP in New Zealand, Australia, India, Indonesia, the Philippines and Thailand [J]. *Mathematics & Computers in Simulation*, 2004, 64 (3): 431 – 445.

[63] Ghali K H, El – Sakka M I T. Energy Use and Output Growth in Canada: A Multivariate Cointegration Analysis [J]. *Energy Economics*, 2004, 26 (2): 225 – 238.

[64] G Hondroyiannis, S Lolos, E Papapetrou. Energy Consumption and Economic Growth: Assessing the Evidence from Greece [J]. *Energy Economics*, 2002 (24): 319 – 336.

[65] Glasure Y U. Energy and National Income in Korea: Further Evidence on the Role of Omitted Variables [J]. *Energy Economics*, Vol. 24, 2002: 355 – 365.

[66] Granger C W J. Investigating Causal Relation by Econometric and Cross-sectional Method [J]. *Econometrica*, Vol. 37, 1969: 424 – 438.

[67] Haris R, Sollis R. *Applied Time Series Modeling and Forecasting* [M]. John Wiley and Sons Ltd, 2003.

[68] Johansen S, K Juselius. Maximum Likelihood Estimation and Inference on Cointegration with Applications to Money Demand [J]. *Oxford Bulletin of Economics and Statistics*, 1990, 52 (2): 169 – 210.

[69] M Kijima, K Nishide, A Ohyama. Economic Model for the Environmental Kuznets Curve: A Survey [J]. *Journal of Economic Dynamic & Control*, 2010 (34): 1187 – 1201.

[70] Shahbaz M, Khraief N, Uddin G S, et al. Environmental Kuznets Curve in

an Open Economy: A Bounds Testing and Causality Analysis for Tunisia [J]. *Renewable & Sustainable Energy Reviews*, 2014, 34 (3): 325 – 336.

[71] Simplice Asongu, Ghassen El Montasser, Hassen Toumi. Testing the Relationships betweenenergy Consumption, CO_2 Emissions, and Economic Growth in 24 African Countries: a Panel ARDL Approach [J]. *Environmental Science and Pollution Research*, 2016, 23 (07): 63 – 73.

[72] Sofien Tiba, Anis Omri. Literature Survey on the Relationships between Energy, Environment and Economic Growth [J]. *Renewable and Sustainable Energy Reviews*, 2017, 69 (03): 29 – 46.